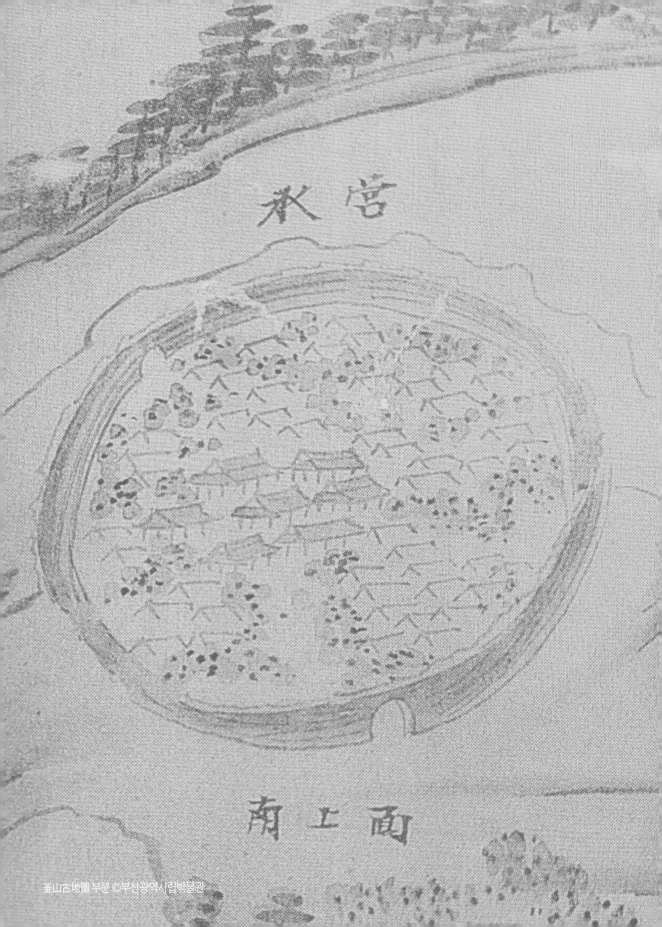

水宮

南上面

방향 芳香

펴낸 날  2022년 6월 6일
지은 이  김종수

펴낸 곳  **비온후** www.beonwhobook.com
펴낸 이  김철진
사진  박영표 / 이인미

ISBN 978-89-90969-49-1 03090

책값 20,000원

# 방芳

# 향香

김종수의
수영
향토산책

# 수영의
# 훈훈한 기운

내가 사는 수영은 훈훈한 도시다. 사계절 날씨가 그렇고 사람들 심성도 그러하다. 이웃이 슬프면 함께 슬퍼하고 이웃이 기쁘면 함께 기뻐한다. 그래서 수영은 '우리'라는 공동체 성격이 강하다.

옛날부터 그랬다. 우리 할아버지와 아버지 때도 그랬고 내가 어릴 때도 그랬다. 그때만 해도 한 집 건너 사촌이며 사돈이었고 두 집 건너 동기며 동창이었다. 그러기에 내남없이 '우리'였고 내남없이 훈훈했다.

그때는 토박이 일색이었다. 엔간하면 4대, 5대 토박이였다. 우리 할아버지와 친구의 할아버지가 친구였고 우리 아버지와 친구의 아버지가 친구였다. 친구의 아들과 친구의 딸이 백년가약을 맺어 안사돈이 되었고 바깥사돈이 되었다.

수영은 오래된 도시였다. 그러기에 토박이가 많았다. 수영엔 조선시대 수군부대가 주둔했다. 규모는 '어마무시'했다. 단순한 군사도시가 아니라 낙동강에서 경북 끄트머리까지 조선의 동남권 바다를 호령하던 초광역 군사 대도시였다. 현재 인근 백운포에 있는 해작사(해군작전사령부)가 그것의 한 방증이다.

수영 사람은 대체로 고집이 세다. 그리고 자부심이 강하다. 이러한 고집, 이러한 자부심은 수영이 조선을 지키던 군사도시이며 충절의 도시라는 데서 기인한다. 몇백 년 군인이 주둔하면서 군인의 반골기질이 스며들었으리라. 아버지의 아버

지의 아버지는 군인이며 어머니의 어머니의 어머니는 군인의 아내인 집안이 수영에는 차고 넘쳤으니 충분히 그럴 만했다.

 여기 실린 글은 모두가 수영에 관한 기록이다. 개인적인 소회를 담은 글도 더러 있지만 그 또한 큰 틀에서 수영을 벗어나지 않는다. 내가 사는 수영의 훈훈함이 어디에서 왔는지 알리고 싶었고 내가 사는 수영의 훈훈함이 수영 바깥으로 번지기를 바라는 마음이 이 책으로 이어졌다.

오늘의 나를 있게 한 가족과
이 책이 있게 한 수영 옛사람과 지금 사람들,
그리고 수영의 강과 바다와 산,
그 모두가 고맙고 고맙다.

2022년 봄
민락동 백산 동흥농장 있던 자리에서
김종수

# 제1호
# 일반개간허가증

나는 지금 공문서 한 장을 보고 있다. 발급한 지 50년이 훨씬 넘어 누렇게 바랜 공문서다. 발급한 때는 1963년 7월 25일. 내가 열다섯 무렵이다. 이 문서를 볼 때마다 마음이 짠하다. 아버지의 체취, 아버지가 기울였던 심혈이 느껴지는 까닭이다.

공문서 제목은 '일반개간허가증'이다. 부산시가 일반개간을 허가하면서 발급한 공문으로 발급 대상자는 김기배(金己培), 내 선친이다. 선친은 수영구 민락동 백산을 개간하려고 허가를 신청했고 이 공문서는 거기에 대한 부산시의 답이었다.

허가번호 제1호. 공문서 상단에는 허가번호가 나오는데 제1호다. 공문서를 발급한 당해 연도 제1호인지 부산시 전체 일반개간 제1호인지는 검토가 필요한 부분이다. 팔이 안으로 굽는 것인지는 몰라도 나는 부산시 전체 일반개간 제1호, 그러니까 부산시 최초의 일반개간허가증일 가능성도 있다고 생각한다.

두 가지 이유에서 그렇다. 첫째는 1963년 그해 부산시가 경상남도에서 독립해 직

一般開墾許可證

許可番號第壹號

釜山市 中區 大橋路 洞貳街大亽番地

姓名 金己培

一, 開墾의 場所　釜山市 東萊區 民樂洞山 一四番地內

一, 許可의 面積　(壹町／反／畝)坪

一, 開墾의 用途　開田

一, 指定着手期間　許可日로부터 十日以內

一, 指定竣功期間　着手日로부터 西紀一九六　月까지

一, 土地代價　左記와 如함

一, 工事費豫定額　貳萬五仟兇整

一, 工事費豫定額에對한浦助率　五割以內

一, 其他條件

右記와 如히 開墾을 許可함

西紀一九六參年 七月 二十三日

釜山市長　(印)

注意事項

一, 開墾許可證에는 計劃平面圖를 添付함

부산시가 1963년 7월 발급한 '제1호' 일반허가개간증. 저자의 부친이 소유하던 민락동 백산 일대 부지의 개간을 허가한다는 내용이다. 1963년은 부산이 직할시로 승격한 역동적인 해였다. ⓒ김종수할시로 승격했다는 점이고 둘째는 일반개간 허가권은 그때나 지금이나 광역자치단체에 있다는 점이다. 부산시가 경남에 속하던 1963년 이전엔 허가권이 없었다는 이야기니 내가 지금 보는 이 공문서가 부산 최초의 일반개간허가증일 가능성을 배제할 순 없다.

부산시 보관 문서를 확인하면 어느 것이 맞는지 금방 답이 나오겠지만 그럴 수도 없는 형편이다. 1963년 공문서 발급을 기록한 발급대장이 영구 보존문서가 아닐뿐더러 설령 영구 보존문서라 하더라도 관리가 제대로 되어 있을지 의문이다. 지금은 모든 문서가 전산 처리되어 기록이 남지만 그때만 해도 문서관리는 후진적이었다.

선친이 발급받은 허가증에는 개간의 장소, 허가의 면적, 공사비 예정액 등이 나온다. 개간 장소는 동래구 민락동 산14번지이고 허가 면적은 1정(町), 공사비 예정액은 2만 5천 원이다. 그때

1970년대 백산 동흥농장 전경(위 사진)과 그때 풍경을 그린 대학생의 수채화(아래 그림). 세모형 동흥농장 건물은 당시 수영의 상징적인 건물이었다. 학생 소풍과 경로잔치 명소였다. ©김종수

는 수영구가 개청하기 전이라서 민락동은 동래구에 들었고 산14번지는 백산 일대였다.

1정(町)은 이 당시 지적법상 면적 단위의 하나다. 9,917.4㎡로 3,000평에 해당한다. 허가증과 같이 보관해 온 개간허가 도면에는 이 1정을 어떻게 개간할 것인지에 대한 상세한 방안이 명기돼 있다. 1정을 여러 구간으로 나누고 각각 복숭아밭, 감밭, 포도밭, 수박밭, 참외밭, 그리고 방풍림으로 조성했다. 다시 말해 백산을 개간해 과수원과 정원수 농장으로 가꾸었다.

이때만 해도 과수원은 국내 산업에서 차지하는 비중이 컸다. 벼나 보리를 재배하는 농업처럼 과수원도 매우 중요한 업종으로 대우받았다. 그때는 그랬다. 별다른 산업시설이 갖춰지지 않던 그 시절 과수원은 국민소득 증대, 국민건강 증진의 한 축이었다. 과수원을 통해 소득을 늘렸고 거기서 나온 과일을 통해 건강을 다졌다.

백산 개간으로 일군 농장은 동흥농장이라고 했다. 한자는 함께 잘된다, 同興이었다. 나보다는 이웃을 먼저 생각했던 선친의 마음이 오롯이 담긴 명칭이었다. 동흥농장에서 수확한 과일은 인기가 좋았다. 없어서 못 팔았다. 민락동과 수영, 광안리에서 보이는 복숭아며 포도며 수박은 모두 동흥농장 과일로 보면 되었다. 한국전쟁이 터지면서 백산 정상에 들어선 육군 포부대 장병도 동흥농장 과일을 애용했다. 스리슬쩍 서리한 것이긴 하지만.

동흥농장은 선친 평생의 업으로 이어졌다. 농장 개간 이전에 경영하던 동흥농약공사와 동흥농장은 쌍두마차가 되어 선친의 사업을 이끌었다. 선친은 농약의 중요성을 일찍 간파했다. 작년에 펴낸 책에도 언급했지만 선친은 한국전쟁이 터진 1950년 이전 무역회사 농·화학 부서에서 근무하며 농약의 중요성과 미래 가치에 일찍 눈떴다.

전쟁이 끝나고 안정기에 접어들자 선친은 농약 사업에 직접 나섰다. 중구 대교동 2가 62번지에 동흥농약공사를 설립하고 농약보국을 실천했다. 보릿고개로 대변되는 식량난은 국가적 난제였다. 선친은 국가적 난제에 기여하겠다는 일념으로 관련 회사에 다녔고 관련 사업에 나섰다. 동흥농약과 동흥농장은 지금 내가 대표로 있는 동흥산업의 기반이 되었다. 그러기에 선친이 발급받은 허가번호 제1호 일반개간허가증을 보는 내 마음은 더욱 짠하다.

# 한국 유일의
# 수영

수영구는 1995년 개청했다. 그 이전에는 남구에 속했다. 남구에 속할 때는 광안리도 남구였고 좌수영성이 있었던 수영사적공원도 남구였다. 동래구에 속하던 때도 있었다. 1975년까지 그랬다. 그때는 남구도 동래구였고 지금의 수영구도 동래구였다.

나는 그게 불만이었다. 남구도 좋고 동래구도 좋지만 수영은 수영만의 그 무엇이 있었는데 그게 지명에 반영되지 않아서였다. 그 무엇은 수영의 역사일 수도 있었고 수영의 정신, 수영의 정서일 수도 있었다. 늦게나마 남구에서 독립해 수영구가 개청했을 때 얼마나 기뻤는지 모른다. 잃어버린 무엇을 되찾은 기분이었다.

나는 기회만 있으면 '그 무엇'을 누누이 얘기해 왔다. 공적인 자리에서도 그랬고 사석에서도 그랬다. 2021년 펴낸 졸저 <정방록을 찾다>에서도 긴 호흡으로 그 이야기를 했다. 그러므로 여기에선 '그 무엇' 대신 근대에서 현대에 이르기까지 수영구 행정지명 변천의 역사를 알아보고자 한다.

수영은 조선시대 군사도시였고 국경도시였다. 조선시대 수군이 여기 주둔했다. 바다 저편에는 호시탐탐 침략을 노리던 왜가 있었다. 수영은 단순한 군사 주둔지가 아니었다. 낙동강 이쪽에서 경북 끄트머리까지 관할하는 어마어마한 군사도시였다.

조선은 팔도마다 수군 주둔지가 있었지만 왜가 가장 두려워했던 수군은 부산의 수영이었다. 왜와 가장 가까이 있었기 때문이다. 그래서 수영을 멀찍이 피해 다녔다. 1895년 7월 군사제도 개혁이란 명분으로 수영이 폐지되자 왜는 내심 쾌재를 불렀다.

폐지될 무렵 수영은 남면의 일부였다. 남면은 남촌면이라고도 했다. 통영 어디에 같은 이름의 면이 있었지만 통영 어디의 남촌면과 수영 남촌면은 엄연히 달랐다. 수영의 남면은 이후 남상면과 남하면으로 분면(分面)했다. 1904년 발간한 동래군 백서인 <경상남도 동래군 가호안(家戶案)>에 동래군 12면 각 마을에 몇 가구가 살았는지 나온다. 남상면과 남하면 각 마을은 다음과 같았다.

**남상면**
구락동, 북외동, 남외동, 서1·2·3동, 동1·2·3동, 감포동, 덕민동, 평민동, 호암동, 남천동
**남하면**
대연리, 용소리, 지곡리, 석포동, 당곡동, 용호동, 용당동, 감만동, 조도동, 중암동

더 세분해서 들어가면 축산동이 있었고 서부리, 북문외리, 남문외리도 있었다. 축산동은 수영성 동쪽, 서부리는 수영성 서쪽, 북문외리는 수영성 북쪽, 남문외리는 수영성 남쪽이었다.

일제강점기가 되면서 1914년 일제는 조선의 지명을 대대적으로 개편했다. 이런저런 명분을 내세웠지만 속내는 효율적인 통치였다. 조선식 지명을 뜯어고치고 통폐합해서 통치가 수월하게, 직설적으로 표현하면 자기들 알아보기 용이하도록 관리하려는 의도였다.

남면은 이때 다시 등장한다. 남상면을 남면으로 개칭하고 10군데 넘는 동을 다섯 리로 통합한다. 광안리, 남수리, 망미리, 민락리, 남천리였다. 남상면의 덕민동과 평민동이 합쳐져 남면 민락리가 됐다. 남수리(南壽里)는 현재의 수영동이다. 수영기로회 건물의 주소가 그것을 알려준다.

수영기로회는 수영 25의용의 향사를 지내려고 1910년대 결성한 지역원로의 친목단체였다. 2001년 5월 부산지방법원 남부산등기소에서 발급한 등기부등본상에 1910년대 주소와 1980년대 주소가 나온다. 동일 장소, 동일 건물인데도 1910년대는 남수리로 나오고 1980년대는 수영동으로 나온다. 다음과 같다.

> 대정 5년(1916) 동래군 남면 남수리 141번지
> 1988년 부산시 남구 수영동 141-1

규모면에서 지금의 수영구와 가장 근접한 행정지명은 1942년 비로소 등장한다. 수영출장소가 그것이다. 1942년 그해 동래군 수영과 해운대 일부가 부산부에 편입되면서 수영출장소가 설치되었다. 수영동과 광안동, 민락동이 남면에 소속됐다.

광복 이후에는 변화가 빨랐다. 1949년 8월 15일 부산부(釜山府)를 부산시(釜山市)로 개칭했고 임시수도 시절인 1951년 9월 1일에는 중부출장소, 서부출장소, 영도출장소, 부산진출장소, 초량출장소, 동래출장소 등 6개 출장소를 설치했다.

1957년 1월 1일 구제(區制)가 실시되면서 출장소는 구청으로 승격했다. 중부출장소가 중구로, 서부출장소가 서구로, 영도출장소가 영도구로, 부산진출장소가 부산진구로, 초량출장소가 동구로, 동래출장소가 동래구로 승격했다. 동래구 산하에 수영출장소가 있었다.

구제가 실시되기 이전에는 부산시 산하에 구청 조직 없이 동회로 운영됐다. 구제 실시는 해방 이후 부산항으로 유입된 귀환 동포의 정착과 6·25 전쟁으로 인한

피란민 유입으로 인구가 급증한 데 따른 행정구역 개편의 일환이었다.

1963년은 부산으로선 기념비적인 해였다. 부산이 경상남도의 부산이 아니라 부산의 부산, 그러니까 부산직할시로 승격했다. 애초 부산은 부산특별시 승격을 희망했다. 해방 이듬해인 1946년 서울이 정치수도를 명분으로 경기도에서 독립하자 부산은 경제수도를 명분으로 내세워 경상남도에서 독립, 부산특별시로 승격하고자 했다.

1946년 발화한 부산특별시 승격 운동은 10년 넘게 이어졌다. 1949년 6월 14일은 부산특별시승격기성회가 출범했다. 부산상공회의소와 동회연합회를 주축으로 관과 유지들을 총망라한 범시민기구였다. 회장은 부산상의 김지태 회장이 맡았다. 그러나 특별시가 또 생기면 자기들 위상이 떨어질 것을 우려한 서울시가 적극 반대했다. 부산이 가장 큰 세원(稅源)이었던 경상남도 역시 집요하게 방해했다. 서울과 경남의 반대와 방해로 부산시민의 염원은 번번이 좌절했다. 군사정부가 들어선 이후 특별시 대신 직할시로 조율됐고 부산특별시 도입은 훗날을 기약해야 했다.

부산직할시 승격도 사실은 큰 것이었다. 한국 유일의 직할시였으니 부산의 격이 서울 다음으로 높아졌다. 1963년 정월 전후로 각종 축하 행사가 열렸다. 선친이 보관하던 사진첩에는 직할시 승격을 축하하는 퍼레이드 사진이 여러 장 남아 있다. 이 사진들엔 승격을 기뻐하는 선친의 마음이 담겼으리라. 일반에게 안 알려진 귀한 사진들이라 여기 싣는다.

1973년은 수영출장소가 승격했다. 동래구 산하에서 부산시 직할로 바뀌었다. 그만큼 규모가 커졌다. 시 직할 대연출장소로 명칭도 개편했다. 1975년 행정구역이 전국적으로 요동치면서 대연출장소는 남구로 승격했다.

마침내 1995년. 부산이 직할시에서 광역시로 승격했다. 승격과 함께 15구(區) 1군(郡) 체제를 갖추었으며 사상구 등 여러 자치구가 개청했다. 이때 수영구가 개청

했다. 남구에서 독립해 독자적이고 개성 넘치는 자치구가 되었다.

자치구가 된 이후 우리 수영구는 조선시대 동해안을 방어하던 군사도시, 국경도시의 명맥을 이어 가고 있다. 조선팔도마다 수영은 있었지만 지명조차 죄다 사라진 지금, 한국 유일의 수영으로 남아서 조선시대 그때 무슨 일이 있었고 바다를 어떻게 지켰는지 두런두런 들려준다.

◀1963년 부산이 직할시로 승격한 것을 기념해 열린 시내 퍼레이드 장면. 저자의 부친이 찍어서 보관해 온 미공개 사진으로 플래카드의 '직할시 승격' 문구와 도로에 깔린 전차 선로가 이채롭다. ⓒ김종수

# 수영과
# 신부산 건설

1963년은 부산에 역동적인 해였다. 부산의 숙원이던 직할시 승격이 그 해 1월 마침내 이뤄졌다. 사실 부산의 숙원은 직할시 승격이 아니라 특별시 승격이었다. 해방 이듬해인 1946년 서울이 정치수도를 명분으로 내걸고 경기도에서 분리, 특별시로 승격하자 부산도 이에 가세했다. 그때까지 부산은 경상남도에 속했던 하나의 시에 불과했다.

그러나 뜻을 이루진 못했다. 서울과 경남의 반대가 집요했다. 결국 특별시가 아닌 직할시로 결정났다. 일종의 절충이었다. 이것도 아니고 저것도 아닌 어정쩡한 안이었다. 그러나 받아들여야 했다. 막 들어선 군사정부가 제시한 절충안을 거부하기가 부담스러워 훗날을 기약했다. 훗날은 길고 더뎠다. 부산시가 광역시로 변경된 게 1995년이니 30년 넘는 세월이 걸렸다. 그러면서 부산과 서울의 격차는 벌어졌고 경제수도를 자부하던 부산의 위상 역시 이전 같지 않아졌다.

아무튼 1963년은 역동적인 한 해였다. 수영구 망미동에 있던 고려제강에 들어선

'F1963'의 명칭에서 엿볼 수 있듯 부산 곳곳에서 쇠망치 소리가 들렸으며 희망가가 울려 퍼졌다. 몸집도 커졌다. 동래군 북면를 비롯해 양산군 기장면 등이 부산시로 들어왔다. 북면은 현재 금정구 일부다. 그러면서 도시를 정비하고 도로를 확장하는 등 부산시를 새로 설계할 당위성이 대두했다.

여기서 등장한 게 <신부산 건설>이었다. 미래 부산이기도 했다. 밑그림을 그렸다. 밑그림이 '1963년 부산직할시 도시계획도'였다. 계획도 도면은 시 전체를 몇 개의 구역으로 나누어 때로는 붉은 선으로, 때로는 파란 선으로, 그리고 때로는 직선으로, 때로는 곡선으로 미래 부산을 설계했다. 수영도 당연히 그 계획도에 들었다. 서면을 비롯한 안락, 수영교차로에서 당시 군부대였던 해운대 신도시까지 지금의 환상형 도로망의 근간이 그 도면에 다 들었다.

'제1호 신부산 계획현황도.' 지금 내가 들여다보는 오래된 도면의 제목이다. 1997년 돌아가신 선친이 보관하던 것으로 '1963년 부산직할시 도시계획도'의 세부계획을 그린 도면으로 보면 된다. 여기에 수영강과 강 주변의 도시계획 구상이 담겼다. 구불구불한 수영강을 반듯하게 펴면서 섬이던 모래톱이 육지로 편입되는 장면은 만감을 교차하게 한다. 길은 수영을 중심에 두고 동래로, 해운대로, 연산동으로 죽죽 뻗어간다.

이 도면은 보면 볼수록 정감이 간다. 공공기관에서 제작한 도면인데도 망미동과 수영동, 민락동, 금련산, 수영국제공항 등 일일이 손글씨로 표기된 지명은 미소를 자아낸다. 선친의 손글씨를 보는 것도 반갑다. 선친은 이 도면 여기저기 손수 지명을 적었다. 구청에 해당했던 수영출장소며 군부대의 하나였던 피복창, 그리고 당신이 농장을 일구겠다고 개간 허가를 신청했던 민락동 백산 등등 볼수록 선친의 손결이 느껴지고 숨결이 느껴진다.

1966년은 수영이 그리고 부산이 새 부산, 미래 부산의 첫해를 맞는 획기적인 해였다. 1963년 밑그림이 그려진 도시계획이 이런저런 준비작업을 마무리하고 마

부산일보 1966년 2월 1일 7면. 톱기사가 '신부산 건설 첫 삽으로 수영과 대연 사이의 153만 평을 반듯하게 정리한다'는 내용이다. ⓒ김종수

침내 실행에 들어간 해가 1966년이었고 그 중심에 수영이 있었다. '제1호 신부산 계획현황도'와 함께 선친이 보관했던 일간지에 관련 기사가 톱으로 실렸다. 신문 종이도 누렇고 기사 내용도 누렇지만 신문 기사에서 받는 감명은 지금도 새롭다. 이 감명이 어찌 나만의 것일까 싶다.

'신부산 건설 첫 삽' 부산일보 1966년 2월 1일 7면 톱기사의 제목이다. 부제가 '대연~수영간의 153만 평 땅, 정리'다. 기사를 한마디로 요약하자면 1963년 입안한 <신부산 건설> 사업의 첫 기공식이 수영에서 있었다는 것이다. 다른 데도 아니고 수영에서 <신부산 건설>의 첫 삽을 떴다는 것은 수영을 사업의 중심지로

봤다는 증명이다. 이 얼마나 감동적인 장면인가. 백문이 불여일견이라고 했다. 그
날의 기사를 여기 옮겨 적으며 내가 받은 감명을 수영 분들과 나누고자 한다. 수
영에서 망미동까지 관광산업철도를 놓으려고 했다니 호랑이 담배 피던 시절이
그때인가 싶기도 하다.

다음은 부산일보 1966년 2월 1일 기사 내용이다.

대연동에서 수영에 이르는 153만 평의 토지를 정리하여 인구 70만 명을 수용할
수 있는 '콤팩트 시티'를 건설할 제1호 신부산 도시계획사업 기공식이 1일 정오
수영본동 앞 '뻐스' 정류장에서 관민 다수가 참석한 가운데 성대히 거행됐다.

이날의 기공식에서 김현옥 부산시장은 "집중적인 인구를 소산시키기 위해 새로
운 현대 시가를 조성하는 이 사업은 종래의 도시계획과는 달리 계획된 선상에 도
시를 형성하는 데 그 특징이 있다."고 말하고 이 계획이 이룩되면 대구만 한 새로
운 도시가 생기게 될 것이라고 덧붙였다.

3개년 계획으로 착공된 신부산 도시계획은 4억 2천만 원을 들여 대연1동, 남천
동, 민락동, 망미동 일부 153만 평의 토지를 구획정리하게 되는데 이 중 28만 5천
평은 바둑판 같은 도로에 흡수된다. 도로를 빼고 난 121만 평의 택지는 일반지 96
만 9천 평, 채비지 21만 1천 평, 유료공원 2만 5천 평으로 나눠지며 일반지와 채비
지 일부는 시민의 주택, 사무실 등의 건축용지가 된다.

부산시는 신부산 지역 내에 3만 평의 공공용지를 확보, 각 1개씩의 공·사립 국민
학교 부지로 2만 2천 평, 어린이공원 4천 평, 8개 처의 시장부지로 4천 평을 할당
하고 있다.

부산시는 신부산 도시계획의 일환으로 수영 앞바다 200만 평을 매립하여 택지를
만들고 남천 앞바다 80만 평을 매립, 공업단지를 마련할 계획도 서두르고 있으며
수영에서 망미동에 이르는 관광산업철도의 부설을 정부에 건의했다.

내 생애의
첫 책

義勇祠

수영 25의용

정방록을
찾다

김종수 지음

2021년은 나에게 기념비적인 해였다. 내 생애의 첫 책인 <수영 25의용 - 정방록을 찾다>가 나왔다. 여러 단체의 대표를 맡으면서 기관지나 소식지에 이름을 올리는 경우가 적지 않았고 몇몇 저작의 기획과 편집에 참여하면서 이름을 올리는 경우도 더러 있었지만 온전히 나만의 책은 <정방록을 찾다>가 처음이었다.

'처음'이 없는 사람은 없다. 누구나 숱한 처음을 경험하면서 살아간다. 이 세상에 난 것도 처음이며 첫 입학, 첫 만남, 첫 회사, 결혼과 출산 등등 우리의 삶은 처음의 연속이라고 해도 그리 틀린 말이 아니다. 어릴수록 다가올 처음이 많고 나이가 들수록 지나간 처음이 많다. 나이가 든다는 것은 처음의 기쁨이 줄어든다는 말도 된다.

내 나이 칠십. 처음의 기쁨이 줄어들 대로 줄어든 나이에 맞은 처음의 기쁨, 첫 책의 기쁨은 그래서 더욱 컸다. 나이가 나이인 만큼 사람들 앞에서 내색하진 않았지만 내 안은 기쁨의 꽃봉오리가 봉긋봉긋 맺혔고 꽃송이가 송이송이 맺혔다. 꽃송이를 나누는 마음으로 지인에게 책을 나누었다.

기쁜 마음과는 별도로 고마운 마음도 컸다. 책을 받고 기뻐해 주신 분들, 책을 내는 데 도움을 주신 분들, 모두가 고마웠다. 그 중에서도 가족이 가장 고마웠다. 가족이 있었기에 오늘의 내가 있었고 가족이 있었기에 책을 낼 수 있었다. 책을 받으면서 짓던 아내의 맑고 선한 눈빛은 나까지 맑고 선하게 하는 것 같았다. 두 아이와 며느리, 사위, 그리고 여동생과 매제 역시 두고두고 고맙게 기억될 것이다.

무엇보다 고마운 분은 아버지와 어머니였다. 사실, 첫 책 <정방록을 찾다>의 시작은 아버지였다. 1997년 일흔 초반의 연세로 돌아가신 아버지는 지역의 대소사에 관련된 기록과 자료를 꽤 남기셨다. 지역의 대소사에 내 일처럼 참여하고 봉사했던 당신의 흔적이자 그 시대의 흔적이기도 했다. 개인사이면서 당대의 시대사인 기록과 자료는 시간이 지나면서 가치가 더해졌다. 묵혀두기엔 아까운 것도 적지 않았다.

기록과 자료는 나의 안목을 넓혀 주었다. 홀어머니 모시고 바쁘게 지내던 중장년 때는 보관만 하던 그것들을 아버지 연세로 다가가면서 틈틈이 꺼내 보게 되었다. 그러면서 아버지의 마음을 이해할 수 있었다. 아버지가 왜 이런 기록, 이런 자료를 모으고 남기셨는지 이해할 수 있었고 공감할 수 있었다.

이해의 폭을 넓히고 싶었고 공감의 폭을 넓히고 싶었다. 아버지의 기록과 자료를 묵혀 두는 게 우선은 아까웠고 다음으론 주변 사람과 공유하고 싶었다. 함께 이해하고 싶었고 함께 공유하고 싶었다. 그리고 그것은 순전히 나의 몫이었다. 아버지의 하나뿐인 아들로서 내가 아니면 그 일을 누가 하랴 싶었고 내가 나서지 않으면 아버지의 그것들은 영영 묻히지 싶었다. 아버지의 그것들을 한데 묶어 책으로 내자!

나의 첫 책 <정방록을 찾다>는 그래서 세상에 나왔다. <정방록>은 1608년 동래부사 이안눌이 임진왜란 7년 동안 왜적에 맞서 싸운 수영의 25의용을 치하하면서 상훈처럼 발급한 공문서다. 수영과 부산으로선 대단히 중요하고 소중한 기록인데도 행불 상태였다. 관련 공공기관 홈페이지를 검색하면 '실체는 없고 기록으로만 전한다.'며 <정방록>의 부재를 안타까워했다. 그런데도 책 제목이 <정방록을 찾다>로 된 데는 지금 생각해도 기적과도 같은 반전이 있었다.

아버지는 생전에 25의용 제사에 공을 무척 들였다. 1980년대 중반 결성된 '사단법인 수영의용충혼숭모회'의 초대 이사장을 맡은 것도 그런 마음의 발로였다. 수영기로회의 정통성을 이어 받아 수영의 어른들과 유지들이 합심해 결성한 숭모회는 25의용을 기리며 그들을 모신 조선시대 제단인 25의용단을 성역화하고 대중화하는 데 심혈을 기울였다. 아버지가 생전에 가장 심혈을 기울인 일이기도 했다.

아버지의 그것들을 정리할 때만 해도 <정방록>은 염두에 두지 않았다. 대한민국의 내로라하는 공공기관도 못 찾은 <정방록>을 역사라면 문외한에 가까운 내가 어디 가서 찾는단 말인가. <정방록>은 염두에 두지 않고서 25의용의 후손 한 분을 수소문해서 인터뷰를 하였다. 선친이 25의용에 공을 들였던 만큼 그 후손을 찾아 인터뷰하는 것 역시 의미가 대단했다.

반전은 그때 일어났다. 후손은 인터뷰 자료라며 집안 대대로 내려오는 임명장 같은 옛날 문서를 가져왔고 나중에는 족보를 내보였다. 눈이 번쩍 뜨였다. 족보에 <정방록> 필사본이 있지 않은가! <정방록>은 가문의 영광이라서 족보에 옮겨 대대손손 이어졌던 것이다. 1608년 원본 그대로의 <정방록>은 아니지만 마침내 <정방록>의 실체에 다가가는 순간이었다.

<정방록>이 발견되면서 책도 출렁였다. <정방록> 발견의 의미가 그만큼 지대했다. 제목이 바뀌었고 구성이 바뀌었고 내용이 바뀌었다. 아버지의 기록과 자료는 그것대로 살리면서 <정방록>도 알리려고 했다. 만약에 아버지가 책을 집필하셨어도 그랬으리라 믿는다. 25의용과 <정방록>은 한 몸이고 한 뜻인 까닭이다.

책에 대한 반응은 고무적이었다. 내가 일을 보는 단체는 물론이고 공공기관, 학계 등에서 격려해 줬다. 수영이 조선시대 수군 주둔지였고 25의용은 왜군에 맞선 용사였던 만큼 해군본부에서도 관심을 보였다. 나로선 고마운 일이다. 아버지 살아생전 다하지 못했던 효도를 이참에 하는가 싶어 뿌듯하기도 하다.

언론계 반응도 호의적이었다. 부산의 두 일간지는 특히 고마웠다. 두 일간지 모두 <정방록>의 가치와 <정방록> 발견이 가진 의미를 심도 깊게 다뤘다. 기록과 자료를 남기신 아버지에 대한 언급도 빠지지 않았다. 아버지의 유지를 주변 사람과 공유하려는 내 의도가 어느 정도는 이뤄진 것 같아 기뻤다. 하나뿐인 아들로서 짊어졌던 마음의 짐에서도 어느 정도 홀가분해진 기분이다. 두 일간지 기사를 여기 전재한다. 기록으로 두고두고 남겨두려는 마음이다. 먼저 나온 기사를 먼저 싣는다.

부산일보/2021년 6월 25일/정달식 선임기자

# '25의용' 생생한 행적과 기록 등 담아

사라진 줄만 알았던 '정방록' 실체 찾아
향토 지킴이로 부산 수영 역사 풀어내

〈정방록〉(旌傍錄)은 고문서(古文書)다. 여기서 '정방'은 충신이나 효자, 열녀를 널리 알리는 일이고, 〈정방록〉은 그러한 기록이다. 실제 〈정방록〉은 1592년부터 1598년까지 벌어진 임진왜란 내내 왜적에 대항했던 수영 의병 25인(수영에서는 25의용이라 부른다)의 행적을 담았다. 조선시대 문신 이안눌(1571~1637)이 동래부사로 있으면서 〈정방록〉을 썼다. 이안눌은 1608년 2월부터 이듬해 7월까지 동래부사로 있었다. 〈정방록〉은 그 무렵 나왔다.

〈정방록〉은 매우 소중한 유산이다. 특히 부산의 입장에선 더 그렇다. 바로 부산 수영의 기록이기 때문이다. 1600년대 전후의 부산, 그 중에서도 수영의 모습을 날것 그대로 접한다는 게 어디 예삿일인가. 그렇기에 〈정방록〉은 부산으로선 보배다. 〈징비록〉이나 〈임진록〉〈한중록〉〈표해록〉처럼 서울이나 타지를 중심에 둔 고문서는 차고 넘친다. 하지만 부산을 중심에 둔 부산 이야기만을 다룬 것은 매우 드물다.

이안눌이 동래부사로 부임한 때는 임진왜란이 끝나고 딱 10년 후다. 전쟁이 남긴 후유증이 현재진행형이던 시기에 〈정방록〉을 썼기에 25의용 행적이 손금 들여다보듯 생생했을 것이다.

하지만 〈정방록〉이 있었다는 기록만 전할 뿐, 좀처럼 그 실체를 찾을 수 없었다. 다만 1980년대 발간한 부산 남구청 향토지에 〈정방록〉 원문과 번역이 실려 있었다. 그러다 지난해 25의용 중 한 분이었던 최막내 의용의 15세손 최도선 선생의 집에서 보관하던 〈정방록〉을 찾았다. 최도선 선생이 건넨 책 제목은 〈최가 정방록〉이었다.

〈수영 25의용 정방록을 찾다〉는 25의용이 세상에 알려지게 된 연유와 기록들, 영원히 사라진 줄만 알았던 〈정방록〉의 실체를 찾아낸 과정 등을 실었다. 책은 특히 저자와 작고한 저자 부친의 '향토 지킴이'로서의 행적을 역사적인 내용과 엮어 부산 수영의 역사를 알기 쉽게 풀어낸다.

25의용은 임진왜란 7년 내내 유격전을 벌이며 항전했다. 그래서 국가에서는 글로 남겨 널리 알렸고, 제단과 단비를 쌓아 매년 기렸다. 동래부사가 쓴 〈정방록〉이 그 기록이고, 경상좌수사가 세운 의용제인비와 25의용단이 그것이다. 25의용을 기리는 제사는 조선시대는 물론 일제강점기에도 면면히 이어졌으며 지금도 매년 향사(享祀)를 거행한다.

저자의 부친은 수영에서 나고 자란 수영 토박이였다. 그래서 누구보다 25의용의 행적을 잘 알고 있었다. 때문에 자료가 보이면 일일이 챙기고 또 챙겼다. 또한 25의용을 기리는 '수영 의용충혼숭모회' 발족을 이끌었다. 이렇게 다져진 수영 25의용의 정신은 자연스럽게 아들로 이어졌다. 이 두 사람의 이어짐이 수영의 역사로 새겨지고 부산의 역사로 남았다. 개인의 기록이 축적되고 잘 보존되어 지역의 탄탄한 역사가 될 수 있다는 것을 이 책은 아낌없이 보여준다.

저자는 말한다. "일본에 맞섰던 수영 25의용의 기개와 결기가 시대를 초월해 오늘을 사는 우리에게도 이어졌으면 좋겠다. 〈정방록〉은 조선 500년을 이끈 조선의 정신이었다." 또한 이게 부산의 저항정신이다.

국제신문/2021년 8월 12일/조봉권 선임기자

# "토박이 눈으로 '임란 수영 레지스탕스' 풀어냈죠"

조선시대 호국보훈 기록 찾는 과정
수영 지역사료·기록 다채롭게 담아
"내영지 등 알기 쉽게 손질해 펴내길"

'수영 25의용 정방록을 찾다'(비온후 펴냄)는
지역사를 다룬 책 가운데 보기 드물게 '입체
적'이며 깊고 흥미롭다. 이 책이 담은 지역은
부산 수영구이다. 경상좌수영, 옛 수영성 안
수영본동, 임진왜란 때 레지스탕스 활동을
펼친 수영 25 의용, 수영사적공원과 고당, 애
향인 김기배 선생 이야기, 귀한 사료인 정방
록까지, 수영의 역사와 뿌리가 생동한다.
'수영 25의용 정방록을 찾다' 저자 김종수
(72) 민주평화통일자문회의 부산수영구협회
장을 11일 만났다.

"조선 시대의 호국 보훈 기록인 '정방록'을
추적해 발굴하고, 국방 도시의 전형인 옛 수
영 역사를 수영 토박이 관점에서 쓴 점이 호
응을 받아 기분 좋습니다. 제가 몸담은 호국
문화진흥위원회 관계자는 이 책을 국방부 등
에 기증하는 절차를 알아보겠다고 나서줬고,
이 부문 학자들도 '개인이 해낸 작업이 맞느

저자의 첫 저서 〈정방록을 찾다〉를 소개한 국제신문 서상균 화백의
[그림으로 보는 문화 풍경〈9〉 정방록](2021년 7월 25일).

냐'며 좋게 봐주십니다. 다만, 옛 문헌 인용 등이 적잖아 그런지 제 이웃인 수영구 주민들은 좀 까다롭다고 느끼는 눈치가 있기는 해요(웃음)."

김 저자는 "수영본동 토박이였고 수영을 사랑한 애향인이었던 선친(고 김기배 이사장)의 뜻을 이어 공부와 활동을 시작했다. 선친은 수영의 문화재를 지키고 가꿨으며 수영 25 의용의 향사를 지내던 사단법인 수영의용충혼숭모회의 초대 이사장을 맡기도 했다. 선친께 은혜를 갚는다는 마음을 이 책에 담았다"고 말했다.

'수영 25 의용'은 임진왜란 때 함락된 수영에서 왜적에 맞서 저항 투쟁을 펼친 민간인 용사 25명을 가리킨다.

"이안눌은 당대의 빼어난 문장가였죠. 남긴 시가 4000수에 이르고 범어사에 가면 석벽에 그가 남긴 글이 새겨져 있습니다. 이 선생이 동래부사로 재직한 1608년 2월부터 이듬해 7월까지 정방록을 씁니다. 수영 25 의용을 기리는 국가의 공식 기록입니다."

그는 "아무래도 정방록을 찾기 위해 노력하고, 최도선 씨 집안 족보에서 사본 형태의 최가정방록 문서를 찾아낸 과정이 가장 기억에 남는다"고 설명했다.

이 밖에도 이 책에는 수영 지역사를 생생히 보여주는 사료와 기록이 다채롭다. 이 책을 평면이 아닌 '입체'로 평가하는 근거가 여기 있다. '선친과 동흥농장' '어마무시했던 초광역 군사 대도시, 수영' '수영 수군 연속 주둔은 243년' '수영의 소중한 유산 수조홀기' '경상좌수영 최고사령관이 주재한 국가의례 독제' '수영본동 토박이들 기로회 가입' '지역의 큰 어른, 큰 정신 최한복 선생' 등의 글 꼭지를 접하면 이 책의 다채로움을 느낄 수 있다.

김 저자는 이렇게 강조하고 당부했다. "수영 역사를 담은 소중한 기록으로 '내영지'가 남아 있습니다. 그리고 수영의 큰 어른 고 최한복 선생이 수영야류 발굴과 보존, 수영 향토사 발굴을 하면서 쓴 결정판인 '수영유사'도 남아 있습니다. 수영구 등이 힘써 이들 옛 기록을 현대인이 쉽게 읽을 수 있게 손질해 펴내기를 간절히 바랍니다."

정旋

과

정旌

정(旋)과 정(旌). 이 두 한자는 다른 글자일까, 같은 글자일까. 하나는 바를 정(正)이 들어가고 다른 하나는 날 생(生)이 들어가니 얼핏 보면 다른 글자처럼 보여도 뜻은 한 가지다. 그래서 같은 글자다.

뜻은 뭘까. 비슷하게 생긴 한자인 깃발 기(旗)에 해답이 있다. 깃발은 상대방이 보라고 알리는 것. 두 글자 모두 깃발이란 뜻도 되고 밝힌다는 뜻도 된다. 널리 밝히고 싶은 일이 있을 때 이 글자를 썼다.

정(旋)과 정(旌). 요즘은 잘 쓰지 않지만 이 글자는 조선 500년 일상어였다. 지금은 어려운 한자처럼 보여도 그때는 엔간하면 아는 글자였다. 한자를 배우지 않아 글자는 몰라도 뜻은 엔간하면 알았다. 그러다 일제강점기를 거치면서 사용 빈도가 뚝 떨어졌고 지금은 거의 사어(死語)가 됐다.

정려문(旌閭門), 旌閭碑(정려비), 정표(旌表). 이 셋은 조선시대 일상어였다. 모두 '정'이 들어간다. 충신이나 효자, 열녀를 기리고 널리 알리려고 마을 어귀나 집 입

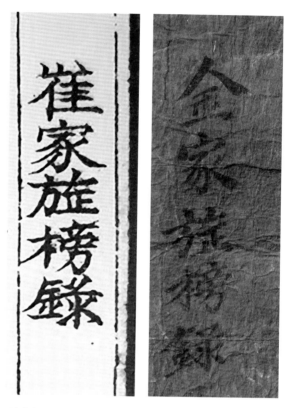

〈최가정방록〉과 〈김가정방록〉 표제 글씨. 〈최가정방록〉은 인쇄본
이고 〈김가정방록〉은 필사본이다.

구에 세우던 붉은 문이나 비석 등을 이른다. 이들은 집안의 명예이자 마을의 자랑이었다. 신주 모시듯 했다. 지금도 꽤 남아 있다.

일제로선 이들이 그다지 반갑지 않았다. 조선의 충신을 기리는 문이며 비석이 반가울 턱이 없었다. 허물려는 것을 집안에서 반대하고 마을에서 반대해서 이나마도 남았지 그렇지 않았으면 40년 가까이 되는 강점기 동안 살아남은 데가 몇 군데나 될까 싶다.

〈수영 25의용 정방록을 찾다〉. 내가 2021년 펴낸 저서의 제목에도 '정'이 나온다. 정방(旌榜)은 방을 붙여서 널리 알린다는 뜻이니 정려나 정표와 같은 말이다. 이 또한 일제강점기를 거치면서 조선의 일상에서 멀어진 용어다.

<정방록>은 수영의 400년 전 기록이다. 임진왜란 직후 동래부사로 부임한 이안 눌이 임란 내내 항전한 수영의 25의용을 널리 알리려고 작성한 고문서다. 그동안 은 '그런 기록이 있었다'는 기록으로만 전해 오다가 원고를 집필하는 와중에 실 체를 확인할 수 있었다.

우연이라면 우연이었고 필연이라면 필연이었다. <정방록>을 애타게 찾던 내 마 음이 하늘에 닿았는가도 싶었다. 책을 펴내기 위해 25의용 한 분인 최막내 의용 의 후손을 인터뷰하다가 이 문서의 존재를 알게 됐고 그를 통해 <최가정방록> 을 입수했다. 천우신조였다. 하늘이 돕고 신이 도왔다. 의용의 후손 최도선 선생 께 새삼 감사의 인사를 전한다.

기쁜 일은 또 있었다. 2021년 펴낸 <정방록을 찾다>를 읽고서 연락해 온 고교 후배 김부윤 부산대 수학교육과 명예교수를 통해 말로만 듣던 <김가정방록>의 원본을 접하는 행운을 접했다. <김가정방록>은 수영 25의용의 한 분인 김옥계 집안에 내린 정방록으로서 대대로 보관해 왔다고 했다. 나중에 안 사실이지만 김 교수와 나는 한 집안이었다. 김 교수와의 만남은 겹경사였다.

다시 정(旌)과 정(旌)으로 돌아가자. 이 두 글자는 같은 뜻이지만 내 개인적으론 바를 정이 들어가는 정(旌)을 더 선호한다. 바르게 살고 싶어 했던 선조들의 염 원이랄지 결기가 이 글자에 담긴 까닭이다.

'바르게 사는 삶'은 시대를 초월한 가치다. 조선시대 그때도 그랬고 4차 산업혁 명을 논하는 지금도 그렇다. 그러기에 아무리 강조해도 지나치지 않다. 도로변을 지나다가 이따금 목도하는 '바르게 살자' 큼지막한 바윗돌이 전혀 질리지 않는 것도 같은 맥락이다.

'정(旌)' 이 글자는 상장이나 포상이 난무하는 이 시대에 경종이 될 수도 있다. 바 르게 살지 않아도 바르게 살았다고 포장되는 삶, 그리고 상은 우리 주위에 차고 넘친다. '정(旌)' 이 한 글자만이라도 우리가 제대로 인지하고 제대로 숙지한다면 돈 놓고 돈 먹는 식의 '기가 찬' 상은 현저히 줄어들 것이다.

"초등학교 도덕시간에 <정방록> 항목을 넣으면 어떨까요?" 아는 분에게 얼마 전 들은 이야기다. 내 책 <정방록을 찾다>에 대한 의례적인 인사로 넘길 수도 있었지만 헤어지고 나서 생각되는 바가 적지 않았다. 다른 것은 몰라도 부모에 효도하고 지역에 기여하는 바른 삶이라면 교과 항목에 넣어도 손색이 없으리라 싶었다. 학원과 PC에 찌든 아이들에게 지금보다 멀리 보는 안목을 기르는 데도 도움이 되지 싶었다.

수영은 호국의 도시다. 25의용을 배출했으며 <정방록>의 산실이다. 다른 데는 몰라도 우리 수영에서만큼은 25의용의 결기와 기개가 이어져야 하고 <정방록>이 널리 알리고자 했던 바르게 사는 삶이 보편적 가치가 되어야 한다. 그런데 정(旌)과 정(旌) 두 글자는 쓰기가 왜 이리 어려운지 모르겠다. 몇 번을 써도 이리 삐뚤 저리 삐뚤이다.

# 뚝섬과 둑당

서울 뚝섬은 널따란 벌판이었다. 청계천과 중랑천이 만나서 한강으로 흘러드는 물길 동쪽에 펼쳐져 있었다. 평평하고 토질이 좋아서 풀이 잘 자랐다. 나라에서 말을 키우던 국마장이 여기 있었던 이유다. 국마장 전통을 이어서 경마장이 1989년까지 있었다.

경치도 좋았다. 세종대왕 별장이 있을 정도였다. 세종대학교가 여기 있는 이유가 짐작된다. 경치가 좋으니 일찍부터 유원지로 명성이 높았다. 평일과 주말 가리지 않고 인파로 북적이는 명소가 뚝섬유원지였다. 서울대공원이 여기 들어섰고 경마장 자리엔 '서울숲'이 들어섰다.

지금은 인파로 북적이는 명소지만 일반인의 출입을 엄금하던 때도 있었다. 그때는 조선시대였다. 임금의 사냥터라서 임금이 행차하면 일반인은 얼씬도 하지 못했다. 조선을 개국한 태조를 비롯해 태종, 세종 등이 여기서 매 사냥을 즐겨 매 사육 등의 업무를 전담하는 응방(鷹房)까지 두었다. 임금의 행차가 잦으니 임금의 가마를 관리하는 부서도 여기 있었다.

뚝섬이란 지명도 임금과 관련이 깊었다. 조선 임금은 한 해 두 차례 여기서 군대를 사열했다. 봄과 가을, 그러니까 경칩과 상강 때였다. 군대가 전쟁터에 출전할 때도 군대를 사열하고 승전과 무사 귀환을 기원하는 제사를 지냈다. 이 제사에서 뚝섬이란 이름이 유래했다.

제사 명칭은 둑제라고 했다. 한자로 쓰면 독제(纛祭)였다. 둑은 독(纛)의 우리말이다. 소꼬리나 꿩 꽁지로 장식한 커다란 깃발을 둑이라 했다. 임금이 행차할 때는 임금을 상징하는 대가(大駕) 앞에 둑 깃발을 세웠고 군대가 출전할 때는 대장 앞에 둑 깃발을 세웠다. 둑 깃발을 둑기라 했다. 둑기는 임금의 위엄을 상징했고 군대의 기강을 상징했다.

둑기는 이처럼 중요한 깃발이라서 신주 모시듯 모셨다. 평상시 둑기를 보관하던 가옥을 둑당 내지는 독당(纛堂), 또는 독사(纛祠)라 했다. 둑제는 둑기 모시고 지내는 제사였다. 이들을 억세게 발음하면 뚝당, 뚝사, 뚝제가 되었다. 뚝방이라고도 했다. 뚝섬도 같은 경우였다. 둑섬, 둑도라고도 했고 한자로 표기하면 독도(纛島)가 되었다.

둑기는 서울에만 있었을까. 그렇지 않았다. 군대가 조선팔도 있었으므로 둑기도 조선팔도 있었다. 조선의 수군이 주둔하던 경상좌수영에도 당연히 있었다. 경상좌수영은 오늘날 부산 수영에 해당한다. 둑기가 있었으니 둑당이 있었고 둑제를 지냈다. 둑제는 수군훈련과 함께 경상좌수사의 기능을 명확하게 보여주는 것이었다. 경상좌수영 사령관 깃발인 둑기에 드리는 제사가 둑제 또는 독제였는데 서울의 본을 받아 한 해 두 차례, 경칩과 상강 때 지냈다. 참고로, 경상우수영이 있던 경남 통영에서는 둑당을 독소(纛所)라 했다. 1872년 통영 고지도에도 그렇게 나온다.

수영 고지도에도 둑당이 곧잘 등장한다. 수영성 가장 깊숙한 곳에 두었다. 사령

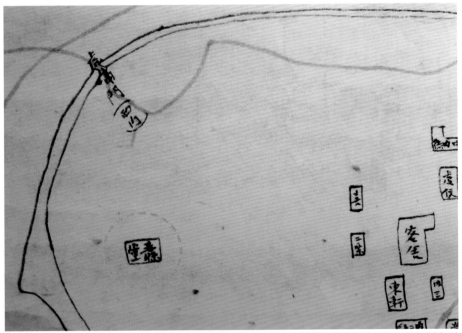

1870년대 부산의 개항 전후에 제작한 것으로 추정하는 〈경상좌수영 관아배설 조사도〉에 나오는 둑당(붉은 점선). 위쪽에 서문(西門)인 호소문(虎嘯門)이 보인다. ⓒ부산시립박물관

관에 해당하는 좌수사 관저보다 더 깊었다. 이유는 간단했다. 둑기가 좌수사보다 더 소중했다. 전쟁에서 깃발이 손상되거나 빼앗기면 패전이었다. 군대로선 전쟁터에서도 가장 소중했고 평상시에도 가장 소중했던 것이 군대를 상징하는 깃발, 둑기였다. 수영성 가장 깊숙한 곳에 둑당을 둔 이유다.

둑기는 어떻게 생겼을까. 둑은 군신(軍神)인 치우(蚩尤)를 상징한다고 한다. 〈조선왕조실록〉의 '세종실록 오례의'에 둑기에 대한 언급이 보인다. 다음과 같다.

〈운회(韻會)〉에
'모우(旄牛: 털이 긴 소-검은 소라고도 한다)의 꼬리로 이를 만들고, 왼쪽 비마(騑馬: 두 마리 이상의 말이 마차를 끌 때에, 옆에서 끌거나 따라가는 말)의 머리에 싣는다.'고 한다.

〈광운(廣韻)〉에
'크기가 말[斗]만 하다.'고 한다.
〈이의실록(貳儀實錄)〉에
'검은 비단으로써 이를 만드는데, 치우(蚩尤)의 머리와 비슷하며, 군대가 출발할
적에 둑에 제사지낸다.'고 한다.

〈운회〉는 중국 송나라 학자가 1202년 편찬한 〈고금운회古今韻會〉를 가리키고
〈광운〉은 역시 송나라 때인 1008년 칙명에 의하여 만든 책이다. 〈이의실록〉 역
시 중국 책이다. 조선시대 태조는 1393년에 홍색과 흑색으로 둑기를 만들었다.
둑기를 둔 곳을 둑소라고 불렀다. 봄과 가을에 제사를 올렸으나 임진, 병자호란
(1636년)을 거친 뒤에는 둑제를 폐지하였다(〈연려실기술〉 별집 관직전고 참조).
그러나 지방에서는 존속했던 것으로 보인다. 1850년 편찬 경상좌수영 백서인
〈내영지〉의 둑제와 둑당에 대한 언급, 그리고 좌수영 성내 관아 건물을 나타
낸 '경상좌도수영관아배설조사도'의 둑당이 그것을 증명한다.
둑기와 관련해 〈조선왕조실록〉의 '세종실록 오례의'에는 이런 대목도 있다.

둑기

〈통전(通典)〉에 이르기를,
'황제(黃帝)가 군대를 정돈할 적에 5기를 설치했다.'고 하며,
〈황제내전(黃帝內傳)〉에 이르기를,
'황제가 오채기(五彩旗)를 만들어 앞으로 가리키고 뒤로 돌아보았다.'고 하며,
〈황제출군결(黃帝出軍訣)〉에 이르기를,
'적을 공격 정벌할 적에 5채아기(彩牙旗)를 만들었으니, 청색기(靑色旗)는 동방을
인도하고, 적색기(赤色旗)는 남방을 인도하고, 백색기(白色旗)는 서방을 인도하
고, 흑색기(黑色旗)는 북방을 인도하고, 황색기(黃色旗)는 중앙을 인도하였다.'고
하는데, 바로 이것(둑기)이다.

군신 치우는 삼국지 관우의 관왕묘와 연관이 있다. 치우는 중국의 시조 격인 황제(黃帝)와 싸우고 져서 목까지 잘린 인물로 중국인이 숭상한다. 관우는 삼국지 인물. 무신(武神)으로 숭상받는 그 역시 목이 잘려 죽었다. 그런 관우가 임진왜란 때 홀연히 나타나 왜군을 무찔렀다는 전설을 남겼고 그게 조선팔도 관왕묘(關王廟)의 유래가 되었다. 치우는 군신으로, 관우는 무신으로 중국은 물론 조선에서도 존경을 받았던 것이다. '세종실록 오례의'에 나오는 둑기의 형상이 사람 얼굴을 닮은 게 이러한 역사적 사실과 맥이 닿지 싶다.

정조의 화성행차. 맨 앞에 보이는 노란 점선 깃발이 둑기다.
화성원행반차도(華城園幸班次圖) 일부 ©국립중앙박물관

경상좌수영관아배설조사도. 부산시립박물관이 소장하는 수영 고지도 제목이다. 엄밀히 따지면 고지도가 아니고 관청 건물 배치도다. 여기에도 둑당이 나온다. 좌수영성 가장 안쪽, 그러니까 수영성의 정문에 해당하던 동문에서 가장 먼 곳에 보이는 네모 건축물 명칭이 '纛堂(둑당)'이다. 지금 말하는 둑당이 이곳이다. 좌수영성 성내 관아는 모두 마흔 남짓. 좌수사 집무실과 살림집도 위엄을 중시하는 공간. 그보다도 더 안쪽에 두어 둑당이 가진 존엄성을 상징적으로 보여준다.

조선 내내 존엄의 대상이던 둑당은 지금 현재 일반의 기억에서 멀어진 상태다.

일반인 중에서 둑당을 아는 이는 거의 없다고 보면 된다. 순전히 일본의 간계 때문이었다. 조선에서 일제가 득세하면서 1894년 갑오개혁이 일어났고 이듬해 수군이 해산됐다. 일본 방어의 선봉 조선의 수군은 일제에겐 눈엣가시였다. 수군이 해산되면서 조선팔도 수군 주둔부대도 사라지게 됐고 둑당 역시 헐렸다. 갑오개혁은 낡은 제도를 없애고 근대국가로 나아가기 위한 고육지책이었지만 준비가 부족했다. 무엇보다 주도세력이 일본에 의존하여 국민적 반발을 초래했다.

다른 지역은 어땠는지 몰라도 경상좌수영 백성은 수영성이 헐리고 뜯겨도 굴하지 않았다. 오히려 똘똘 뭉쳤다. 수영은 예부터 군사도시였기에 이 지역 백성 역시 강단이 있었고 자주성이 강했다. 둑당은 사라져도 둑제는 계속해서 지냈다. 일제의 감시망을 피하기 위해서 토지신 제사를 지낼 때 둑제를 함께 지냈다. 일제가 물러나고도 한참이나 둑제를 토지신 제사와 병사(竝祀)한 이유가 여기 있었다.

둑제와 토지신을 병사한 사당은 2017년 9월까지 수영사적공원 천연기념물 곰솔 아래 있었다. 정면 2칸 기와지붕 사당이었다. 왼쪽 칸은 둑기를 모신 독신묘(纛神廟)였고 오른쪽 칸은 토지신을 모신 성주신당(城主神堂)이었다. 성주신당은 송씨할매당이라고도 했다. 독신묘와 성주신당을 합쳐 수영고당(水營姑堂)이라 했다.

엄밀히 따지면 두 사당은 한 건물에 있으면 안 되었다. 고지도와 경상좌수영관아 배설조사도에서 보듯 둑제를 지내던 둑당은 독립된 건물이었다. 수영의 뜻있는 어른을 비롯한 지식인들이 이의 개선을 꾸준히 건의하고 문제제기를 한 결과 학계와 관계기관의 고증, 주민 공청회 등을 거쳐 마침내 2017년 9월 지금 자리로 옮길 수 있었다.

지금은 수영고당 있던 자리에서 더 위쪽으로 올라가 조씨할배당 자리에 들어섰다. 조씨할배당은 폐하고 대신 전통가옥 양식의 사당 2동을 새로 지어 오른쪽 사당을 독신묘, 왼쪽 사당을 수영산신당(水營山神堂)이라고 명명했다. 아쉬운 점은 있다. 학계의 고증을 통해 찾아낸 둑당의 원래 자리 '사(祠) 271번지'로 이전하고 복원하는 게 가장 바람직했으나 원래 자리로 옮기지 못했다. 이미 다른 건축물이 들어섰고 푸조나무 등 국가지정 문화재에 의한 현상변경 허용기준에 따라 건축행위가 제한되었다. 아쉬운 대목이지만 훗날의 숙제로 남겨둔다. 우선은 이 정도라도 만족하고 싶다.

둑제와 관련해서 주목할 만한 저서가 있다. 경남 통영문화원 김일룡 원장이 2019년 펴낸 <통제영 둑제>란 단행본이다. '승리와 평화의 기원'이라는 부제를 단 이 책은 일반인에게는 생소한, 어쩌면 단절될지도 모를 전통문화의 하나인 둑제를 이 시대에 환기했다는 점에서 의미가 지대하다. 나아가 통영이 갖는 역사적 가치를 재조명하는 계기가 되었으며 승리와 평화를 기원하는 둑제를 통영의 새로운 문화 콘텐츠로 부각했다.

수영과 통영은 유사한 역사를 지녔다. 둘 다 조선시대 수군사령부가 주둔하던 요새였다. 그러나 역사를 대하는 자세랄지 마음가짐은 수영과 통영이 너무나도 다르다. 수영은 현상을 유지하는 선에서 안주하려 하지만 통영은 끊임없이 확장해 나간다. <통제영 둑제> 발간을 비롯해 '통제영 둑제 재현을 위한 학술발표회' 등 수시로 학술회며 세미나를 여는 통영이 부러울 지경이다.

이젠 우리 수영이 나서자. 수영이 나서지 못할 이유가 어디 있는가. 일본과 가까웠다는 측면에서 수영은 통영보다 훨씬 중요한 요새였다. 왜적이 침입하면 통영보다 먼저 나서야 했기에 군비며 시설은 통영을 능가했을 수도 있다. 수영엔 지금도 25의용단과 선서바위를 비롯한 임진왜란 유적이 곳곳에 남아 있고 둑당이 복원돼 있으며 이야깃거리 역시 넘친다. 흔한 말로 하드웨어도 충분하고 소프트웨어도 충분하다. 지자체의 하려고 하는 의지만 여기에 보태진다면 수영은 통영과는 또 다른 역사의 도시, 전통문화의 도시로 나아갈 수 있으리라.

선친은 진작부터 이런 것을 알고 있었다. 그래서 곰솔 아래 있던 둑당인 수영고당에 남다른 애착을 기울였다. 틈이 나면 들러서 청소하고 정리하고 정돈했다. 여기 와서 기도하며 집안이 잘되기를 바랐고 수영이 잘되기를 바랐다. 그런 아버지를 따라 하나뿐인 아들인 나 역시 어릴 때부터 수영고당을 찾았다. 아버지는 나에게도 청소와 정리정돈을 시켰고 머리를 숙이게 했다. 아버지가 타계하신 후에는 아버지 마음으로 수영고당을 돌보고 있다. 내가 하나뿐인 아들을 얻은 것도 수영고당에 서린 정기 덕분이라고 생각한다.

수영고당이 있던 자리는 현재 기념비와 안내판이 서 있다. 기념비는 수영고당이 있던 1981년 세운 것이고 안내판은 수영고당을 이전하고 난 뒤인 2017년인가 2018년 세운 것이다. 선친이나 내가 원한 것은 아니지만, 원한다고 되는 것도 아니지만 기념비에는 선친 함자 석 자가, 안내판에는 내 이름 석 자가 나온다. 선친 함자는 김기배(金己培)다. 기념비와 안내판 문구를 여기 옮긴다. 쑥스럽긴 하지만 이 또한 수영의 한 역사인 까닭이다.

## 수영고당의 유래
### – 기념비 앞면

임진왜란(선조 25년, 서기 1592년) 이전이니 창건은 역사상으로 볼 때 400년 정도로 추측되며 당시 수영성민은 성내 수호신으로 토지지신과 독(둑)신을 병사(並祀)하였다. 장구한 세월의 흐름에 따라 약 20년 전 애향인 김기배 씨에 의하여 중수(重修)하였으나 다시 부패되었으므로 1981년 4월 김기배 씨 자진 신축에 착수하여 6월 완공을 보게 된 것이다.

## 고당 완공에 즈음하여
- 기념비 뒷면

고당이 말끔히 신축됨에 우선 수영주민으로서 김기배 씨에게 감사의 인사를 드립니다. 조상께서는 유택(幽宅)으로 가시고 이곳 수영산 산정에는 낙락장송만이 서 있네. 부디 원하건대 토지지신과 독신이시여, 조국의 무궁한 번영과 안가태평(安家泰平)을 굽이 살피소서. 조상들이 남기신 문화유산을 우리들은 영원불멸토록 길이 보존하리다. 1981년 6월 25일 김석근 짓고 쓰다.

## (구)수영고당의 이전
- 안내판 앞면

현재의 사각형 부지는 2017년 9월까지 수영고당이 있었던 부지였다.
수영고당의 창건은 400여 년 전(임진왜란 이전)으로 추정되며 일제 때 왜병에게 항거한 송 씨 할매의 정신을 기리는 '송씨할매당'이라는 산신당(山神堂)과 경상좌수영이라는 병영의 군기를 모신 '독신묘(纛神廟)'가 함께 하나의 건축물을 구성하고 있었는데, 건축물의 위치가 관련 문헌상 일치하지 않고 건축물의 건축양식이 한국 전통가옥의 양식에 벗어난다는 문화재 전문위원의 의견에 따라, 현재의 위치에서 25의용사 뒤 '수영동 363번지'에 신축하여 이전하였다.
오른쪽의 비석은, 오래된 수영고당을 1981년 중수(重修)하였던 애향인(愛鄕人) 김기배(金근培) 씨의 공덕과 2003년 개수(改修)하였던 그의 아들 김종수(金鍾秀) 씨의 공덕을 기리기 위하여 현재의 상태로 유지하기로 하였다.

**수영성 독당의 변천 과정**

경상좌수영의 깃발을 모신 독신묘와 왜정 때 왜병에게 항거한 송씨 할매를 기리는 산신당은 1936년 중건(맨 위) 이후 1960년대와 1981년 저자의 부친이 중수(重修)·증수(增修)했다(가운데 왼쪽). 2003년 파손되자 저자가 개수(改修)했으며(가운데 오른쪽) 2017년 현재의 자리(맨 아래 오른쪽)로 옮겼다.

# 아버지의
# 도장

책을 내고 나서 도장 찍는 일이 부쩍 늘었다. 책 속표지에 '누구 님에게' 손글씨로 쓰고 그 아래 도장을 찍는다. '전자서명 시대에 웬 도장?' 하겠지만 도장에는 도장만의 기품이 있다. 서명이 도저히 넘볼 수 없는.

도장을 찍고서 곰곰 들여다본다. 볼수록 운치가 난다. 문지를수록 윤택이 나는 나전칠기처럼 볼수록 운치가 나는 것 같다. 그래서 좋은 종이를 골라 몇 번 시험 삼아서 찍어본 뒤 책에다 찍는다.

운치는 인주가 진할수록 더 난다. 그래서 인주 한 번 찍고 도장 한 번 찍는다. 인주 한 번에 도장을 두 번 이상 찍으면 연하게 찍혀서 어딘지 모르게 운치가 없어 보인다. 인주도 급이 다 달라서 이왕이면 촉촉한 윤택이 나는 인주를 고른다.

운치는 도장 자체에서도 우러난다. 내가 찍는 이 도장은 일단 생김새부터 보통의 도장과는 다르다. 네모도 아니고 원형도 아닌 세모다. 세모도 반듯한 세모가 아니라 모서리가 둥그렇게 휘어진 순박한 세모다.

도장은 같은 도장이라도 찍을 때마다 느낌이 다르다. 어떤 도장은 내 마음이 흡족할 만큼 잘 찍었다고 느끼게 하는가 하면 어떤 도장은 마음에 전혀 들지 않아 다시 찍곤 한다. 도장에 글씨를 새기는 것 못지않게 도장을 제대로 찍는 것도 중요하다.

도장을 찍을 때는 나름 신중하게 찍는다. 찍으면서 자칫 흔들리면 글자가 흐릿해지므로 손목에 힘을 꽉 준다. 자연히 허리를 꼿꼿하게 펴게 되고 바른 자세가 된다. 그렇게 해야 도장이 제대로 찍히고 내 마음도 제대로 찍힌다.

신중하다는 말은 경건하다는 말이기도 하다. 도장을 찍는 경우는 다 달라도 예사로 찍는 도장은, 재미로 찍거나 사익을 취하려고 찍는 게 아니라면, 거의 없다. 그래서 도장을 찍을 때는 혼신의 힘으로 찍어야 하고 한 도장 한 도장 경건하게 찍어야 한다.

지금 나도 한 도장 한 도장 경건하게 찍는다. 그런데 경건하게 찍는 이유는 약간

다르다. 내가 쓰는 이 도장은 사실 내 도장이 아니다. 오래전 돌아가신 아버지가 쓰시던 도장이다. 쉽게 말하면 아버지 유품이다. 선친이 생전에 쓰시던 도장이니 내 마음이 경건할 수밖에 없다.

그런데 좀 의아하지 않은가. 아버지 도장을 아들이 쓰는 경우는 거의 없다. 상식에서도 벗어난 일이다. 하지만 주위 누구도 거기에 대해서 이렇다 저렇다 말하지 않는다. 아버지 도장인 것조차 모르니 더욱 그렇다.

아버지 도장을 아들인 내가 버젓이 써도 누구 한 사람 문제를 제기하지 않는 이유는 간단하다. 도장에는 아버지 함자 세 글자가 아니라 성(姓) 한 글자만 새겨진 까닭이다. 그래서 모르고 지나갈뿐더러 아버지 도장이라고 내가 밝힌들 하등 이상해하지 않는다. 오히려 부러워하는 눈치다.

아버지는 생각이 깊으신 분이었다. 생각하고 생각해서 판단하고 결정하고 행동하시는 분이었다. 한 글자 도장도 그렇게 하셨으리라. 선친이 갑작스레 돌아가시는 바람에 그 이유를 직접 여쭤볼 기회는 없었지만 하나뿐인 아들에게 당신 평생의 지문이 묻은 도장을 물려주려는 마음은 왜 없었겠는가.

아버지 세대에서 도장은 곧 그 사람의 얼굴이었다. 그 사람의 얼굴이었고 그 사람의 생애였다. 한 생애에 걸쳐서 스며든 땀과 눈물과 기쁨이 나무처럼 딴딴해져서 도장이 되었고 바위처럼 딴딴해져서 도장이 되었다.

지금 내가 찍고 있는 이 도장도 그렇다. 선친의 땀과 눈물과 기쁨이 스며든 한 글자 도장! 아버지 연세만큼 산 지금, 찍을 때마다 아버지 대신 찍는다는 기분이 들어 한 도장 한 도장 신중하게 찍고 한 도장 한 도장 경건하게 찍는다. 가장 신중하고 가장 경건하게 도장을 찍은 책은 아버지께 보내드려야겠다.

# 수영의
# 2선

선창과 선서바위. 나는 이 둘을 '수영의 2선'이라고 부른다. 2선 가운데 선창은 자취가 완전히 사라진 대신 표지석이 남아 있고 선서바위는 지금도 있지만 표지석이나 안내판 같은 게 없어 모르는 사람이 많다.

누군가가 그랬다. 역사를 모르면 미래가 없다고. 선창과 선서바위 둘 다 우리 수영의 빛나는 역사이고 빛나는 미래다. 선창은 더욱 알려지기를 바라는 마음으로, 선서바위는 아는 사람이 한 명이라도 더 늘어나기를 바라는 마음으로 이 글을 쓴다.

선창(船艙)은 물가에 배를 대고 짐을 싣거나 부리게 만든 시설이다. 일반적으로 그렇단 이야기고 수영에 있었던 선창은 조선시대 군함이 정박하던 군사시설이었다. 수영은 오늘날 해군사령부였고 해군사령부 소속 군함이 여기 선창에 정박했다. '5분 대기조' 군함은 유사시 부산과 경남북의 바다로 신속하게 출동했다.

선창이 있던 곳은 오래전 매립되고 지금은 아파트 단지가 들어섰다. 해운대에서

1890년대 조선 수군이 해체되기 직전 민락동 백산 아래에 있던 포이진 선창 모습. 선창에 정박한 조선 수군의 배 위로 높다란 깃대가 인상적이다. 부산에 와 있던 프랑스인이 찍었을 것으로 추정되며 《CORÉE》(꼬레)라는 사진집에 실렸다(162, 163p 참조). ⓒ프랑스 파리 장식미술관

수영교를 넘어오면 오른쪽에 보이는 현대아파트가 거기다. 현대아파트 자리는 수영강 하구. 그러니까 강과 바다가 만나는 지점에 조선시대 수영의 선창이 있었다. 여기에 선창이 있었다는 표지석은 101동과 103동 사이에 있다.

표지석은 시비(詩碑)를 겸한다. 조선 3대 시인이라 불리는 노계 박인로의 시 '선상탄'이 새겨져 있고 시비 아래에 표지석을 뒀다. 박인로는 임진왜란이 나자 조선의 수군으로 울산에서 복무했고 임란이 끝난 뒤인 1605년 여름 '진동영(鎭東營, 부산진의 동쪽 영, 곧 경상좌수영, 지금의 수영)'에 수군 고위직인 통주사(統舟師)로 부임해 '선상탄' 시를 썼다.

표지석 제목은 '경상좌도 수군절도사영 선소(船所) 유허비'다. 선소와 선창은 같은 말이다. 시 '선상탄'을 떠받친 모양의 표지석은 어른 키의 세 배쯤 돼 찾으면 금방 찾아진다. 글씨를 쓴 분은 한형석 선생. 광복군 출신으로 독립군 군가를 지어서 일제에 맞섰던 분이다. 표지석 문구는 다음과 같다.

이 지역은 조선시대에 동남해역을 방어하였던 경상좌도 수군절도사영의 군선이 정박한 선소이다.

경상좌수영 예하에는 2개의 첨절제사영과 1개의 동첨절제사영 및 4개의 만호영이 있었으며 거북선을 비롯한 군선 50여 척과 2만여 명의 상비병력을 거느린 거진(巨鎭)으로 경북 영해에서 낙동강까지의 해상을 방수(防戍)한 본영이다.

이 선소에는 전선 3척, 병선 5척, 귀선(龜船) 1척과 사후선 12척이 주둔하였으며 이 주위에는 적을 탐방하는 점이대와 망경대가 위치하였다.

이러한 역사적 사실과 선조들의 호국 얼이 깃든 현장을 기리고자 통주사로서 이곳을 지키신 노계 박인로의 선상탄(船上嘆) 중 몇 구절을 새겨 기념한다. 1988.4.

선서바위는 선서(宣誓)했던 바위. 임진왜란 7년 동안 왜군에 맞섰던 수영의 의로운 용사 25인이 이 바위 아래서 국가 수호와 결사항전을 선서했다. 인걸은 간 데 없지만 바위는 그대로 남아 그때 그 의용 25인을 반추한다.

선서바위가 있는 곳은 수영동 골목. 모르고 가면 찾기가 쉽지 않다. 몇 년 전만 해도 국가를 수호한다는 의미의 '수호(守護)경로당'이 있어 그나마 찾아가기가 수월했지만 지금은 경로당마저 텅 빈 상태. 바위 바로 앞에 있는 사당 '무민사(武愍祠)'가 거의 유일한 좌표다.

무민(武愍)은 고려 말기 최영 장군의 시호. 업적이 지대한 최영 장군이 죽자 나라에서 내린 호가 무민이다. 나라와 백성의 안위를 무(武)로써 근심(愍)했다는 뜻이다. 최영 장군을 모신 사당은 전국 곳곳에 있고 부산에도 몇 군데 더 있다. 오랑캐를 무찌른다는 뜻을 지닌 감만동(戡蠻洞)에도 있고 초읍 어린이대공원에도 있다. 다음은 수영 무민사 안내판 문구다.

고려 말 왜구를 크게 무찌른 최영 장군(1316~1388)의 영신(靈神)을 모신 사당이다. 원래 이곳은 강신(降神) 무녀가 최영 장군 영정을 모시고 살던 오두막집이었는데, 무녀가 죽은 뒤 마을에 우환이 자주 생기자 주민들이 1963년 오두막을 헐고 사당을 처음 세웠으며 1973년 개축했으나 노후되어 2005년 5월 재건립하였다. 매년 음력 정월 보름 새벽에 마을 주민이 제를 지내오다 2006년부터 삼짇날(음력 3월 3일) 제를 지내고 있다.

수영 무민사에는 숨은 이야기가 전해진다. 한 번 들으면 오랫동안 기억될 만한 이야기다. 고려 말 조선 초 동래에 박중질(朴仲質)이란 공직자가 있었다. 직책은 염장관(鹽場官)이었다. 당시 염전은 국가가 관리하던 시설. 염장관은 염전 담당 공무원으로 보인다. 남구 용호동 분포와 강서구 명지에 염전이 있고 염전 소속 일꾼인 염한(鹽漢)이 1740년 무렵 113명이나 있을 정도로 부산도 소금을 많이 생산했다.

결론적으로 말해서 염장관 박중질은 이성계가 집권한 조선 초기 역모 사건을 일으켜 참형을 당한다. 밀양에 사는 점쟁이를 찾아가 고려 왕 씨의 운명이 앞으로 어찌 될지 점을 쳤는데 이 일이 역모 사건으로 번졌다. 자세한 이야기는 <태조실록>에 실려 있다. 인터넷에 '박중질의 역모 사건'을 검색하면 관련 이야기가 뜬다.

수영 무민사와 박중질. <태조실록>에는 기록되지 않은 이야기지만 수영에선 이와 관련해 비하인드 스토리가 전해진다. 최영 장군 휘하의 군인이었던 박중질은 장군이 이성계에 의해 억울하게 죽자 염전 일꾼들과 의거에 나섰다가 삼족멸문의 화를 입었다. 이를 애석하게 여기던 염한들은 이후 세종대왕이 대사면령을 내리자 선서바위에서 매년 제사를 지냈다. 그게 수영 무민사의 진원이 되었다.

선서바위에는 나무 이야기도 함께 전해진다. 누구는 느티나무라고도 하고 누구

수영동 무민사 골목의 선서바위와 근처의 수영성 흔적들. 25의용이 이 바위 아래서
결사항전을 선서했다고 해서 선서바위로 불린다.

는 포구나무라고도 하는 이 나무는 선서바위에서 제사를 지낸 이후로 뿌리를 내렸다. 200년 가까이 지난 임진왜란 때는 꽤 무성한 나무였을 것이다. 수영의 25의용이 바위 아래서 선서할 때 나무의 무성한 이파리는 왜군의 감시에서 이들을 가려주기에 충분했다. 그래서 수영사람들은 이 나무를 '가림나무'라고 부르며 오래오래 기렸다. 무민사 골목 입구에 있었던 맛집 '포구나무집' 상호가 그냥 지어진 게 아니었다.

선창과 선서바위. 이 둘은 우리 수영의 소중한 역사이자 빛나는 미래다. 자취도 없이 사라지고 표지석만 남은 선창의 역사도 두고두고 되새겨야 하지만 지금도 옛날 그대로인 선서바위는 소중함을 아무리 강조해도 지나치지 않다. 임진왜란 7년을 레지스탕스로 항전했던 수영 25의용의 시발점이자 공작 거점이었을 선서바위와 가림나무의 전설!

이 둘은 수영사람의 나라 사랑과 지역 사랑이 얼마나 지극한지 알려주는 시금석이자 의로운 역사의 맥(脈)이다. 그러나 문헌적인 확실한 전고(典故)는 충분히 갖추지 않았기에 체계적이고 사실에 부합하는 규명이 필요하다. 아울러 지금이라도 주변을 정화하고 성역화해서 타지의 사람에게, 그리고 다음 세대에게 수영의 빛나는 유산을 알려주고 물려주는 일에 내남없이 나서자.

# 개교 100주년
# 수영초등학교

수영초등학교가 2021년 개교 100주년을 맞았다. 1921년 수영공립보통학교로 개교해 어언 한 세기에 이르는 대장정을 걸어왔다. 지금은 수영구 관내에 초등학교가 많지만 개교 이후 오랜 세월 수영의 유일한 초등학교였다. 수영의 연세 지긋한 토박이는 모두 이 학교 졸업생이라고 봐도 무방하다.

유일한 학교이다 보니 수영은 물론이고 멀리서도 학생이 왔다. 해운대에서 오고 연산동에서 왔다. 수영강에 다리가 놓인 1930년 이전에는 등하교길이 고역이었다. 재송동 학생은 수영강 상류에서 바지를 걷어 건넜고 해운대 학생은 도선장에서 배를 타고 건넜다. 도선장은 보리전, 지금의 민락본동에 있었다.

수영초등 전신은 1905년 개교한 '남상면 사립동문학교(南上面 私立東門學校)'였다. 동래기영회가 1907년 설립한 사립 동명(東明)학교보다 2년 일찍 개교했다. 시기적으로 봐서 수영 동문학교를 본떠서 동래 동명학교가 개교했을 개연성이 높다. 일제에 대항하기 위해선 인재를 교육하고 양성해야 한다는 걸 수영의 선각자가 일찍 깨달았다는 방증이다.

동문학교 개교는 한양에서도 눈을 동그랗게 뜨고 쳐다볼 정도로 전국적으로 주목을 받았다. 양기탁이 영국인 베델과 함께 항일을 기치로 1904년 창간한 국문·영문 혼용 대한매일신보에 학교 소식이 실릴 정도였다. 1908년 9월 8일 대한매일신보 기사를 보자.

> 남상면 사립동문학교는 학부의 승인을 받은 지 2년이 지났는데, 학교 시설을 갖추지 못하고 있다가, 동래부윤 한치유의 노력, 남상면 유지 이순우의 자금 확보 등 여러 사람의 노력으로 인해 이제 학교가 이루어져 감을 학교 임원 강우규, 서윤홍이 알립니다.

동래부윤은 오늘날 부산시장에 해당한다. 일본 유학생 감독을 맡았던 한치유는 학교 설립을 계획하고 서적과 기계 등의 구입을 낙동친목회에 위탁하는 등 교육에 적극 나섰다. 낙동친목회는 대한유학생회·호남학회 등과 함께 1908년 1월 대한학회로 통합했다. 남상면 서삼리(西三里) 유지 이순우는 논 17두지를 저당 잡혀서 100환을 출연하였다. 수영으로선 두고두고 기억해야 할 분들이다. 대한매일신보 후신인 매일신보도 동문학교 동정을 싣는다. 조선의 국권이 1910년 강탈당하자 항일을 기치로 내세웠던 대한매일신보는 일제가 흡수해 총독부 기관지로 되면서 이름마저 매일신보로 바뀐다. 그럼에도 변방이라면 변방인 부산의 동문학교는 여전히 주목한다. 동문학교의 정신을 통해 항일 의지를 그렇게라도 분출하려고 했을 것이다. 매일신보 1921년 4월 10일 기사다.

> 동래군 남면 사립동문학교는 기본재산이 적어 면장 김봉갑 씨의 노력 덕분에 현재까지 유지되어 왔는데 금년부터 공립보통학교가 되었다.

1941년 운동회 장면. 수영초등학교는 이때 수영사적공원 남문 앞의 신익아파트와 로얄빌라 자리에 있었다.
1962년 광안동으로 이전했다.

김봉갑 면장 역시 수영이 기억해야 할 인물이다. 서삼리 유지 이순우와 함께 근
대 수영의 발전을 이끈 양대 축이었다. 지금으로 치면 수영구 구청장에 해당하
는 남상면 면장이던 김봉갑은 업무능력이 탁월해 전국 단위 우수면장 표창을
받았다. 1916년 창립해 일제강점기 그 엄혹한 시절에도 25의용 향사를 주재한 수
영기로회 창립유공자이기도 했다.

이 책 '수영기로회'에서 별도로 밝혔거니와 수영의 선각, 수영의 유지로 이뤄진
수영기로회는 동래기영회, 해운대기영회와 함께 지역발전을 이끌었다. 수영기로
회의 주요 목적은 두 가지였다. 25의용단을 관리하고 매년 두 차례 향사를 주재
하는 것이었다. 기로회가 주재하던 향사는 1977년 이후 수영고적민속보존회로
이관했다. 보존회 구성이 운영과 예능으로 이뤄졌다고 보면 운영은 기로회의 주
축을 이룬 지역 유지가, 예능은 민속예술 연희에 남다른 재능이 있었던 상포회

원이 맡았을 것이다.

보존회에서 주관하던 25의용 향사는 1988년 사단법인 수영 의용충혼숭모회가 창립하면서 보존회와 공동으로 주재했다. 사단법인 수영 의용충혼숭모회 초대 이사장이 선친이었다.

1916년 창립한 수영기로회의 창립기금은 80원이었다. 그해 5월 수영성 동문을 헐면서 나온 석재를 공매한 돈이었다. 면장으로서 행정 권한이 있던 김봉갑은 이 돈으로 모옥(茅屋, 초가집) 한 동을 설치해 노인의 휴식처[기로 휴식지소(耆老 休息之所)]로 썼다. 계속해서 기부금이 답지해 161명, 738원을 모았다.

기로회 정식 건물을 지을 때도 김봉갑과 이순우가 공동 명의로 했다. 1922년 1월 23일 동래군 남면 남수리 141번지 대지 150평을 사서 기로회 반듯한 건물을 지었다. 남면 남수리는 현재 수영구 수영동이다. 이 대지와 건물은 이후 상속과 지분 이전 등을 통해 1942년부터 김장표, 양인영, 김종수, 백기영 등 34명의 공동 명의로 소유했다. 나의 조부 김봉희도 김현봉이란 이름으로 34명에 이름을 올렸다.

다시 수영초등학교의 전신인 동문학교로 돌아가자. 동문학교는 왜 동문학교일까. 어렵게 생각할 것 없다. 수영의 정신적 지주였던 좌수영성의 동문 방향에 있어서 동문학교라 했을 것이다. 동문학교가 있던 자리는 지금으로 치면 수영사적공원 남문 앞이다. 왜 동문이 아니고 남문이냐고 반문하겠지만 다른 데 있던 남문을 이리로 옮기는 바람에 그리됐다.

사립 동문학교는 교명이 여러 차례 바뀌었다. 1921년 공립허가를 받아서 수영공립보통학교가 되었고 이후 심상(尋常)소학교로 바뀌었다가 1941년 수영공립국민학교로 개칭했다. 1962년 6월 30일 수영동에서 현재의 광안동으로 이전했으며 광복 50주년 이듬해인 1996년부터 국민학교 대신 초등학교 명칭을 써서 오늘에 이른다.

이 글 앞에도 언급했지만 수영초등은 이 지역 초등교육의 중심이었고 맨 앞이었다. 수영 바깥에서도 수영초등을 다녔을 정도니 수영 일대는 말할 것도 없었다. 수영동과 망미동은 물론 민락동과 광안동, 남천동, 그리고 더 먼 곳에서도 이 학교를 다녔다. 수영을 대표하는 향토사학자 최한복(1895~1968) 선생의 저서 <수영유사>도 이를 언급한다.

> (교명을 바꾸는) 그 중간에 해운대국민학교를 분산(分散)시켰고, 재송 일대를 장산국민학교로 분산했으며, 남천 일대를 남천국민학교로 분산했으며, 또한 광안국민학교를 분교하는 등 초등교육에 모체의 의무를 하여 왔고…

수영초등은 1962년 지금의 광안동 자리로 이전했다. 원래 자리는 세월이 지나고 학생이 늘면서 비좁았다. 광안동 이전 이후에는 시차를 두고 모두 여섯 학교가 수영초등에서 분교해 나갔다. 광안초등, 망미초등, 민락초등, 수미초등, 민안초등, 호암초등이었다. 이 학교, 저 학교로 분교해 나가기 이전에는 수영구에서 유일한 초등학교가 수영초등학교였다.

학교가 유일하다 보니 수영에는 한 집안이 수영초등 동문인 경우가 허다했다. 부부가 동문이고 형제자매가 동문이고 부모와 자녀가 동문이고 사촌이 동문이었다. 그렇다 보니 결속력이 끈끈하고 상부상조가 잘됐다. 누가 궂은 일을 당하면 내 일처럼 안타까워하고 십시일반 하며 누구에게 기쁜 일이 생기면 함께 기뻐하고 함께 즐겼다.

여기서 수영 사람 특유의 향토애가 비롯했다. 똘똘 뭉쳤다. 수영 바깥에서 보면 배타적으로 보일 수도 있겠지만 이러한 향토애는 지역을 이끄는 든든한 원

1941년 수영초등학교 교문. 좌수영성 남문을 옮겨와서 교문으로 썼다. 교문 양쪽 석주에 새긴 '충효일본(忠孝一本)'과 '팔굉일우(八紘一宇)'는 일제 군국주의를 미화하는 문구였다. 광복 이후 글자를 파내고 시멘트로 덮었다. 교문으로 쓰였던 좌수영성 남문은 현재 수영사적공원에 있다.

동력이었다. 일제강점기 일본인이 수영에 발 들이기를 꺼린 것도 여기서 비롯했다. 조선시대 군사도시, 충절의 도시 수영에 감히 일본인이! 그런 기류가 수영에 있었다.

수영초등 정문도 수영 사람의 반골기질을 자극했다. 일제강점기 수영초등 정문은 특이했다. 조선시대 수군이 주둔하던 좌수영성의 남문을 헐어서 정문으로 썼다. 일제는 개발을 명분으로 성을 헐었으며 동서남북 사대문마저 흔적을 없애려고 했다. 조선 군대에 대한 모멸이었고 조선에 대한 만행이었다. 재학생이든 졸업생이든 정문을 볼 때마다 분개했고 주먹을 쥐었다.

수영초등의 반골기질은 교가에도 역력하게 드러난다. 박영기 작사·이상근 작곡의 수영초등 교가는 구절구절 애국심을 분출한다. 이상근 선생이 작곡을 맡았기에 그런 면이 더 있다. 1922년 경남 진주에서 태어난 이상근 선생은 한국전쟁을 다룬 곡을 많이 남겼다. '보병과 더불어' 악보는 국가등록문화재 제791호로 등록되었을 정도다. 교가의 가사 1절은 다음과 같다. 가사에 나오는 '수자리'는 예전에 국경을 지키는 일이나 그 일을 하는 병사를 말한다.

동해물 출렁이는 여기 수영은
수자리 있었다던 유서의 고장
의로운 임의 뜻을 가슴에 새겨
나라에 충성하는 꽃이 되련다
영광의 그 이름은 수영 수영교
영광의 그 이름은 수영 수영교

수영 토박이였던 선친도 수영초등 동문이었다. 1933년 입학해 1939년에 제17회로 졸업했다. 1925년생이니 수영초등보다 네 살 적었다. 살아계셨으면 수영초등에 이어서 곧 백수가 되시겠다. 백부(伯父) 김학배 님도 여기 출신이다. 1930년 제8회 졸업생이다. 백부께선 수영초등 기성회장을 다년간 지내셨다.

내 사촌 오형제도 모두 수영초등 출신이다. 종헌, 종진, 종철, 방자, 복덩이가 다 우등생으로 이 학교를 졸업한 뒤 동래고나 경남고, 경남여고 등으로 진학했다. 국영기업체였던 석유공사 사장, 롯데그룹 사장을 지낸 사촌도 있었다. 고려대 식품공학과를 나온 사촌 김종진이 롯데에서 사장을 지냈다.

수영초등에 대한 선친의 애정은 지극했다. 자수성가해서 여유가 생긴 이후론 수영초등 발전에 적지 않게 기여했다. 수영동에서 광안동으로 이전할 때도 선친은 당신의 일처럼 거들었고 도서실을 확장할 때도 흔쾌히 나섰다. 수영초등이 하는 일이라면, 수영초등 졸업생이 하는 일이라면 동문으로서, 선배로서 지극정성 챙

수영초등학교는 '메이저 리거' 추신수와 이대호를 배출한 야구 명문이다.

졌다. 수영초등 여기저기 살펴보면 선친의 함자가 새겨져 있을지도 모를 일이다.

수영사적공원 남문에서 보면 오른쪽에 아파트가 보인다. 신익아파트와 로얄빌라다. 여기가 사립 동문학교와 수영초등이 있던 자리다. 학교는 오래전에 이전했지만 거기 갈 때마다 감회를 느낀다. 언제 가 봐도 교정에서 울려 퍼지던 교가가 들리는 듯하고 책보를 두른 선친의 학동시절이 보이는 듯하다. 개교 100주년 수영초등학교에 존경과 감사와 축하의 박수를 보낸다.

# 어머니를
## 보내며

어머니께서 돌아가셨다. 향년 아흔셋. 아버지 돌아가신 후 반오십년 세월을 마감하고서 영영 우리 곁을 떠나셨다. 1929년 1월 10일부터 2021년 5월 16일까지 한 많은 생애를 거두고서 하나밖에 없는 이 아들 손을 놓으셨다. 아, 어머니!

돌이켜보면 당신의 생애는 신산했다. 내 아래 하나 있던 남동생 어려서 잃으시고 당신의 생애는 바람이 드나들었다. 사방팔방 기댈 데 하나 없는 평원이었고 몸 누일 데 하나 없는 습지였다.

그래도 어머니는 어머니였다. 모든 어머니가 위대하듯 나에게는 이 세상 그 어느 어머니보다 가장 위대한 어머니였다. 당신의 아픔은 뒤로 한 채 내가 기댈 벽이 되어 주셨고 내가 누울 아랫목이 되어 주셨다. 어머니 당신이 없었다면 내가 어디 기댈 수 있었으며 어디 누울 수 있었을까.

어머니의 사랑은 무한정이었다. 무변하고 무량했다. 그 사랑의 귀착점은 하나밖에 없는 이 아들이었다. 어머니 모든 사랑이 나를 향했고 어머니 모든 사랑이 나에게 이어졌다. 어머니 그 지극하고 그 궁극의 사랑이 없었다면 지금의 나는 있지 않았을 것이다. 아, 어머니!

내가 중학교에 들어갈 때도 그랬다. 어머니가 없었다면 내가 졸업한 중학교, 내가 졸업한 고등학교는 달라졌을 것이다. 내가 내어놓고 자랑하진 않았지만 자부심을 갖고 학창시절을 보낼 수 있었던 건 순전히 어머니 당신의 사랑 덕분이었다. 내가 학교 다니던 그때는 초중고 모두 입시를 쳤다. 초등학교 6학년이 되자 어느 중학교로 갈지 결정해야 했다. 부산 최고의 명문은 경남중과 부산중이었지만 담임교사가 지원서 써 주기를 꺼렸다. 거긴 전교 1등과 2등만 가는 덴데 3, 4등이던 나는 위험하단 이유였다.

그때 어머니가 나섰다. 모든 책임은 어머니 당신이 질 테니 써 달란 거였다. 몇 번 실랑이를 벌이다가 종내는 선생님이 손을 들었다. 경남중에 지원하게 됐다. 그때부터 나는 죽었다. 어머니의 감독과 지원을 받으며 내 평생의 공부를 그때 다했지 싶다.

그건 믿음이었다. 하나밖에 없는 아들에 대한 믿음이 선생님의 손을 들게 했고 이는 명문중과 명문고로 가는 동아줄이 됐다. 나는 우스갯소리로 1950년대 치맛바람이라고 떠벌리지만 그게 어찌 치맛바람이기만 하랴. 생각하면 생각할수록 고마운 어머니였다. 내가 가진 복의 팔구 할은 그 근원이 어머니였다.

어머니는 오로지 나였다. 어려서 누이와 남동생을 잃은 뒤 오로지 나만 보고 사셨다. 며느리가 아들에게 조금이라도 잘못하면 불호령이 떨어졌다. 난들 왜 잘못이 없었겠는가. 그럼에도 어머니는 나를 엄호하고 옹호해 주셨다. 아내는 어머니 그 불호령을 어찌 다 견뎌냈는지…. 참고 견디며 집안을 화목과 화평으로 이끈 아내가 새삼 고맙고 다시 보인다.

어머니는 우리 집안 최고의 여자이셨다. 그리고 최고의 내조자이셨다. 가장인 아버지가 나서지 못하는 부분은 어머니가 나섰고 아버지가 놓친 부분은 어머니가 챙기셨다. 어머니는 우리 집안 최고의 여자였고 대모(大母)였다.

아버지 돌아가시고 우리 집안을 이끈 분도 어머니셨다. 대외적으론 유일한 아들인 내가 농장 관리며 지역의 일이며 아버지 유업을 이어 받았지만 어머니가 뒤에서 막아주고 맡아주지 않았다면 그 일을 내가 어찌 다 당해 냈을까. 어림도 없었다.

어머니 돌아가시고 두 달 가까이. 며칠 전에는 원불교 교당에서 49재 종재(終齋)를 지냈다. 네 살 아래 남동생 종관이가 교통사고로 황망히 떠난 후 어머니는 가늘 길 없는 마음을 원불교에 의탁하셨다. 살아서도 어머니를 거두고 돌아가시고도 어머니를 거둔 원불교! 그저 고마울 따름이다.

어머니를 마지막 보내는 종재식은 은은하게 치러졌다. 평소 번잡한 걸 꺼리시던 어머니 성품을 감안한 예식이었다. 은은하게 번지던 향로의 향내는 내 생애 두고두고 잊지 못할 것이다. 나는 재주(齋主)로

제주도 천지연폭포를 찾은 저자의 부모. 제주도에는 당시 부친이 부산에서 경영하던 동흥농약의 농약을 쓰던 밀감농장이 많았다.

서 어머니께 마지막 고별사를 했다. 자식이 출타했다가 돌아와서 하는 의례인 출필고 반필면(出必告 反必面)의 심정으로 고한 별사(別辭)였다.

별사와 함께 '어머니께 드리는 글'을 싣는다. 어머니 발인날인 2021년 5월 18일 광안리 좋은강안병원 장례식장에서 이 글을 읽었다. 생각할수록, 되새길수록 고맙고 그리운 이름, 어머니. 아, 어머니!

# 어머니께 드리는 글

어머니!
자식에게 지극하셨던 어머니!

아버지 먼저 가시고
반 오십 년 세월!
어머니는 우리 집안의 기둥이셨습니다.
우리 집안
최고의 여자셨습니다.

어머니가 계셨기에
오늘의 제가 있고
오늘의 우리 가족이 있습니다.

고맙습니다, 어머니!
사랑합니다, 어머니!

이제 어머니를 놓아드려야 할 때가 온 것 같습니다.
어머니를 보내드려야 할 때가 된 것 같습니다.

어머니 그 지극하고 곡진한 사랑을
어찌 단 한 시라도 잊겠습니까.
어머니와 함께한 시간
저와 제 가족 가슴에
두고두고, 깊이깊이 새기겠습니다.

어머니!

아버지 먼저 가시고

한평생 짊어지셨던 이승의 짐
이제 모두 내려놓으시고
부디 편히 가십시오.

부디 편히 가셔서
먼저 가신 아버지와 오붓하고 다정한 날들
보내시길 바랍니다.

앞으로 또 얼마나 보고 싶을지 모르지만
보고 싶어 또 얼마나 눈물 흘릴지 모르지만
이제는 입술 꾹 깨물고
어머니를 보내드려야겠습니다.

저승으로 가시는 먼 길,
길은 비록 멀지만
입술 꾹 깨문 이 아들 생각하셔서
멀다 생각지 말고
부디 편한 마음으로
부디 가벼운 마음으로
훌훌 털고 가시길 바랍니다.

고맙습니다, 어머니!
사랑합니다, 어머니!

– 어머니의 아들이어서 행복했던 종수가

## 고별사

어머니!
오늘은 49재 막재를 지내는 날입니다.
어머니를 붙들고 있던 이승의 끈을 놓고서
어머니를 보내드려야 할 때가 기어이 온 것 같습니다.

그렇다고 어머니의 하나뿐인 이 아들이,
어머니를 어찌 선뜻 보내드릴 수가 있겠습니까.
어머니를 조금이라도 더 붙들어두려고
옛 농장 집에서 남천동을 지나

부산데파트와 광복동 거리를 차창 너머 내다보며,
차에서 내려서도 천천히 걸어
꽃 같은 어머니 한 생애를 돌아봤습니다.

여기는 원불교 교당입니다.
반세기도 더 전인 1956년
동생 종관이가 네 살 어린 나이에 교통사고로 먼 길 떠나자
어머니의 가눌 길 없는 마음을 거두어 주신
어머니의 기둥이자 안식처이자
어머니가 진정으로 염원하시던 가장 큰 원,
원융의 피안입니다.

어머니!
하나뿐인 이 아들과 저희 남매, 그리고 저희 가족들
이제 어머니를 보내드리고자 합니다.
지금은 비록 이별하지만 이 이별은 잠시이며
가장 큰 원, 원융의 피안에서
어머니와 저희는 영영세세 이어질 것입니다.

어머니!
이제 부디 편히 가십시오.
이승의 짐 모두 내려놓으시고
부디 가볍게 가십시오.
부디 편하게 가십시오.

고맙습니다, 어머니!
사랑합니다. 어머니!

여동생 부부도 고맙다. 그들인들 상심이 얼마나 컸을까. 그런데도 오히려 나를
위로하려는 그 마음이 두고두고 고맙다. 나한테 복임이는 유일한 누이고 복임이

한테는 내가 유일한 오빠다. 아버지도 돌아가시고 어머니도 돌아가신 지금은 가족 중에서 가장 오랜 기억을 공유하는 이가 여동생 복임이다. 매제 이 서방과 일가를 이루며 오붓하게, 그리고 성공한 인생을 살아가는 모습이 대견하다. 발인했던 날 여동생 부부가 쓴 편지를 실으며 오빠이자 손위 처남의 고맙고 대견한 마음을 전한다.

## 여동생 부부의 편지

70여 년의 긴 세월을 장남이란 두 글자를 어깨에 짊어지고, 가슴에 안고, 머리에 얹어놓고 지내시느라 얼마나 힘이 드셨습니까?
까다로웠던 장인어른, 까탈스러운 장모님. 이래도 마음에 안 들어 하고 저래도 마음에 안 차신 분을 모시면서 하루하루가 고행이고 숨이 막혔으리라 짐작합니다.
우리는 멀리 있다는, 바쁘다는 구실로 일 년에 몇 번 얼굴을 불쑥 내민 것으로 우리의 할 일을 다한 것 같이 스스로 위로하며 살았는데, 하루하루 머리에 폭탄을 얹고 노심초사하면서, 특히 지난 3월 입원 후 하루가 1년 같은 시간을 보내셨으리라 짐작합니다.
두 분 너무나 수고하셨고 감사합니다.
헤어지면서 두 분을 꼬오옥 껴안아주면서 고맙다고 하려고 했는데….
이제 두 분이 마음을 추슬러서, 마음의 여유를 찾으셔서 두 분만의 여행도, 맛집도, 다시 제2의 신혼으로 돌아가서 그동안 함께하지 못한 수많은 일들을 하나씩 하나씩 이루면서 지내셨으면 하는 바람입니다.
수고하셨습니다. 감사합니다. 행복하세요.

2021년 5월 18일
매제 이상태, 여동생 복임 드림

# 한국
# 호국보훈의 발상지,
# 수영

호국보훈은 국가의 근간이다. 호국한 이에게 보훈함으로써 당사자는 물론 유족과 후손에게 자긍심과 삶의 질을 높인다. 나아가 국민 개개인에게 국가의 의미를 되새기게 함으로써 애국과 호국의 기제로 작용한다.

그러므로 국가마다 호국보훈을 강조한다. 관련 법령을 정비하고 관계 기관을 설치해 국가유공자와 유족에 대한 보훈, 제대군인 등에 관한 사무를 관장한다. 각 지역에 국립묘지 관리소를 두어 나라를 위해 순국한 이들을 두고두고 기린다. 민간에선 호국문화진흥위원회 등이 중추적 역할을 담당한다.

대한민국 호국보훈의 공식적인 역사는 1961년 시작한다. 2021년 기준으로 만 60년이 된다. 1961년 7월 군사원호청 설치령에 따라서 설치한 군사원호청이 한국 호국보훈의 시초다. 군사원호청은 이듬해인 1962년 원호처로 승격했고 1985년 국가보훈처로 개칭했다.

국가보훈이 국가의 근간인 만큼 국가보훈처는 격이 대단히 높다. 국무총리 산하

중앙행정기구이며 처장은 장관급이다. 독립유공자를 비롯한 국가유공자와 그 유족에 대한 보훈, 제대군인과 월남 귀순용사의 보상·보호, 군인 보험, 기타 법령이 정하는 보훈에 관한 사무를 담당한다.

그러나 우리가 간과하지 말아야 할 게 있다. 국가보훈의 공식적인 역사는 1961년 시작했지만 실제 역사는 훨씬 오래됐다. 호국보훈은 어느 특정 시대에 한정하지 않고 모든 시대에 적용되기 때문이다. 어느 시대든 환란에 처한 국가를 수호하는 이들은 있기 마련이었고 국가는 이들의 헌신과 공헌에 보답했다.

한국 역사에 있어서 대부분의 호국보훈은 양반이나 유림 등 특정 계급에 한정됐다. 공신으로 책봉하거나 죽고 난 뒤 고위직을 추증했으며 사당을 세워 신위를 모시고 마을 입구 또는 집 앞에 정려문을 세웠다. 평민이나 노비, 기생 등 일반인에 대한 보상이나 언급이 없는 것은 아니었지만 구체적인 보훈의 기록은 아니었다.

그런 의미에서 조선시대 고문헌 <정방록(旌榜錄)>은 의미가 대단히 깊다. 필자가 2021년 펴낸 <정방록을 찾다>에서 전문을 소개한 이 문서는 1592년 임진왜란이 일어나자 호국에 나선 수영지역 보통사람 25분을 기리는 보훈의 기록이다. 이를 통해 한국 호국보훈의 공식적인 역사는 400년 훨씬 이전으로 두터워지고 높아지고 깊어졌다.<78쪽 '정방록' 원문과 번역 참조>

부산은 임진왜란 첫 격전지였다. 부산 곳곳에서 결사 항전했다. 노소를 가리지 않고 항전했으며 남녀를 가리지 않고 항전했으며 신분을 가리지 않고 항전했다. 그러나 그러한 역사적 사실에 대한 문헌이나 그림은 남아 있지만 평범한 일반인의 호국에 대한 온전한 보훈의 기록은 부산이 첫 격전지임에도 찾아보기 힘든 실정이다.

오한원이 동래부사로 있을 때(1806~1809) 펴낸 <충렬사지(忠烈祠志)>가 그나마 위안을 준다. 동래부사는 오늘날 부산시장에 해당한다. <충렬사지>는 부록에

'24별전공신(別典功臣)' 항목을 두어 임진왜란 일반인 전공자(戰功者) 24분에 대한 보훈을 기록했다. '역(役)이 있는 자는 면제하고 군관에 적(籍)한 자는 변장(邊將)'을 맡도록 하였다.

<충렬사지>의 '24별전공신'은 <포충록(褒忠錄)>을 기반으로 했다. <포충록>은 이안눌 동래부사가 재임하면서 펴낸 호국보훈의 기록이었다. 처음엔 19명인 줄 알고 <포충록>을 19명에게 나누어 주었다가 민원이 야기돼 5명을 추가, 24별전이 되었다.

같은 시기 이안눌 동래부사는 또 다른 호국보훈의 기록을 남겼다. 그게 바로 <정방록>이다. 임란 7년 동안 레지스탕스 유격전을 펼친 수영의 의로운 용사 25의용 한 분 한 분의 이름을 적시하며 그들의 공과 보훈을 기록해 당사자 모두에게 나눠 주었다. 보훈에 관한 대목만 추려내면 다음과 같다.

> 의용(義勇) 두 글자를 새겨 25인의 집 대문 위에 달게 하라. 복호(復戶)를 논해서 공적에 따라 상을 내리는 일은 마땅히 순찰사에게 보고하여 시행하겠으니 그대들은 잘 알고 그대들의 절의를 더욱 힘쓰면서 길이 영광을 받을지어다.

> 義勇二字 扁諸各人門首 至如復戶論 賞等事當報 巡察使施行 爾其知悉益 勸乃節永 膺 玆休合下仰
> (의용이자 편제각인문수 지여복호논 상등사당보 순찰사시행 이기지실익 권내절 영응 자휴합하앙)

복호(復戶)는 조선시대 호국보훈의 상징이다. 국가가 호(戶)에 부과하는 요역(徭役)과 잡부금 부담을 감면하거나 면제해 주던 제도를 말한다. 이런 귀한 기록을 담은 <정방록>은 그동안 실체가 드러나지 않았다. '그런 게 있다는 기록만 있고 실체는 없다'고 알려졌다. 오래돼서 없어질 수도 있지만 일제강점기 36년을 거치면서 왜적에 대한 저항의 기록이 온전하게 남을 리 없었다.

하지만 하늘이 도왔다. 필자가 수영 향토사를 다룬 <정방록을 찾다>를 집필하면서 25의용 한 분인 최막내 장군의 후손과 대담하게 되었고 그런 와중에 후손의 집안 족보에 실린 <최가정방록>을 대면할 수 있었다.

김옥계 집안에 대대로 전해지던 <김가정방록>은 또 다른 큰 기쁨이었다. 김옥계 장군의 후손이자 고교 후배인 부산대 김부윤 명예교수를 통해 <정방록> 원본을 대면했다. <최가정방록>이 족보에 실린 인쇄본인 반면 <김가정방록>은 손으로 손수 쓴 필사본이었다. 한 글자 한 글자 당대의 기운이 꿈틀대는 원본이었다. 이 또한 한국 호국보훈의 산 증거였고 산 역사였다.

이로써 우리 수영, 우리 부산, 우리 한국의 숨은 역사가 세상에 드러났으며 이로써 한국 호국보훈의 역사가 두터워지고 높아지고 깊어졌다. 현존하는 기록으로만 따진다면 <정방록>과 <포충록>을 겸비한 우리 부산은 한국 호국보훈의 발상지며 그 한가운데 수영과 동래가 있다.

호국보훈은 현대에만 국한되지 않고 우리가 있는 여기에만 국한되지 않는다. 그래서도 안 된다. 400년 훨씬 이전 변방의 지역민에 대한 호국보훈의 기록인 <정방록>은 우리 대한민국의 호국보훈의 장구한 역사를 방증한다. 나아가, 대한민국은 아무리 오래되고 아무리 멀리 떨어져도 반드시 찾아내어 보훈한다는 호국보훈의 숭고한 정신과 가치를 이 시대에 구현한다.

한국 호국보훈의 발상지 부산과 <정방록>의 본향 수영! 이를 대내외 널리 알려서 대한민국 호국보훈의 정신과 가치를 드높여 나가기를 바라는 마음 간절하다. 모르면 모르되 안 이상 하루라도 빨리 서둘러야 한다. 그게 수영의 품격을 높이는 일이고 나아가 부산의 품격을 높이는 일이다.

수영사적공원 25의용단 전경 ©박영표

## 〈정방록〉 원문과 번역

### 한국 호국보훈의 역사는 400년, 그것을 입증하는 공문서

<정방록>은 1608년 이안눌 동래부사가 발급한 공공기관 공문서다. 임진왜란 7년 동안 왜군에 결사항전한 25의용의 행적을 기록한 일종의 행적조서다.

<정방록>은 25의용 개개인에게 모두 발급했다. 이 중 현재까지 확인된 것은 김옥계 의용 집안에 발급한 <김가정방록>과 최막내 의용 집안에 발급한 <최가정방록>이다. 이들 집안에서 보관해 온 <정방록>은 내용이 같으며 세 가지 문서로 이뤄져 있다. 다음과 같다.

❶ 도호부위정방사(都護府爲旌榜事, 1608년)
❷ 유향소위핵보사(留鄕所爲覈報事, 1608년)
❸ 도호부위완호사(都護府爲完護事, 1809년)

❶는 25의용의 공적을 이안눌 부사가 확인하는 공문서이고 ❷는 동래부 자문기관의 공적조사 보고서다. 그러니까 유향소라는 동래부 자문기관에서 25의용을 행적을 조사해 올린 보고서인 <유향소위핵보사>를 검토한 뒤 <도호부위정방사>를 발급했다.

❸은 200년 세월이 지난 뒤 오한원 동래부사가 발급한 공문서다. 25의용의 후손이 빈궁하게 살자 '재주 있는 사람은 승진시켜 주고 호역을 가진 사람은 면제'하는 등의 호국보훈을 담은 기록이다.

이들 세 문서는 조선시대 호국보훈의 기록이다. 호국보훈의 조사, 결정, 집행 과정과 조선이 호국보훈을 대단히 중요한 가치로 여겼음을 보여준다.

나아가 이들 세 문서는 한국 호국보훈의 역사를 400년 이상으로 끌어올린다. 그리고 우리 수영이 대한민국 호국보훈의 성지임을 입증한다.

김옥계 집안에서 대대로 보관해 온 <정방록>의 원문과 번역을 싣는다. 번역은 독립투사이며 대한광복회 부산지회장을 맡았던 이태길 선생이 했다. 경남 함안 대산 출신의 이태길 선생은 부산 동천고등학교 등에서 교장을 지냈으며 생전에 25의용의 충혼을 대단히 기렸다.

<김가정방록> 표지

都護府爲旋榜事古人云理平則

爲公爲鄉吏癈則爲蛇爲承爲㺚爲

梟者十常八九焉況茲水營邈在海

隔項歲壬辰營下居人陷沒賊中身

從假命眼斑彌西言休離者良無乏

怪金玉啓鄭仁彊崔松業崔守萬

朴枝樹金彭良朴應福沈男李銀春

鄭壽元朴林辛福李壽李希福崔汗連
崔汗孫崔莫乃崔末叱良金達亡金德奉
李實貞人金許弄朱難金金從守金進
王等乃能慷慨從軍終始討賊七年兵
戈一心金石足不躡於鬪庭奮勇節而
殉國功勞積著義烈凛然疾風知
勁草者其此之謂歟今者博採公論
勘覈實蹟則眾口同聲昭若日星

도호부위정방사3

不可不甄別表章以示激獎之典玆揭
義勇二字扁諸各人門首至於復戶
論賞等事當報　巡察使施行爾其
知悉益勵乃節永膺玆休合下仰
照驗施行須至帖者
右下人金　玉啓准此
萬曆三十六年　月　日
　旌榜

# 도호부위정방사(都護府爲旌榜事)
## - 김옥계 집안에 대한 동래도호부의 표창 기록

임진왜란 때 순국한 수영 25의용제인의 공적을 조사하여 보고하라는 지시에 따라 동래부 유향좌수 정, 별감 송·박·이가 조사하여 보고하고 동래부사 이안눌이 1608년 작성, 결재한 문서임.

옛 사람이 이르기를 '세상이 잘 다스려질 때는 높은 벼슬을 하다가 세상이 변해지면 뱀이나 돼지, 승냥이나 올빼미가 되는 것이 열에 아홉이다'라고 하였다.

하물며 이곳 수영은 멀리 바다 한 귀퉁이에 있는데 지난 임진년 영내의 백성이 왜적의 수중에 함몰되어 악랄한 위협에 복종하면서 얼룩덜룩한 왜놈의 옷을 입고 알아들을 수 없는 왜놈의 말을 하는 것도 참으로 괴이한 일이었다.

김옥계·정인강·최송엽·최수만·박지수·김팽량·박응복·심남·이은춘·정수원·박림·신복·이수·이희복·최한련·최한손·최막내·최끝량·김달망·김덕봉·이실정·김허롱·주난금·김종수·김진옥 등은 이에 비분강개하는 마음으로 종군하여 처음부터 끝까지 왜적을 토벌하면서 7년 전쟁에 금석 같은 한마음으로 원수의 뜰에 발을 들여놓지 않았고 용맹과 절의를 떨쳐 나라에 몸을 바침으로써 그 공로가 현저하고 뛰어난 충의가 늠름하였으니 '거센 바람이 불어서야 억센 풀을 알 수 있다' 함은 이를 두고 이름이로다. 이제 널리 공론을 수집하고 실제 업적을 조사해 보니 모든 사람이 같은 말을 하여 그 빛남이 해와 별 같으므로 명백히 구별하여 표창함으로써 격려하고 권장하는 본보기를 보이지 않을 수 없다.

이에 '의용' 두 글자를 새겨 25인의 집 대문 위에 달게 하라. 호역(戶役)을 면제하고 공적에 따라 상을 내리는 일은 마땅히 순찰사에 보고하여 시행하겠으니 그대들은 잘 알고 그대들의 절의를 더욱 힘쓰면서 길이 영광을 받을지어다.

밝게 살피어 이 문서에 기록된 자에게 시행할 일이다.

위는 김옥계에게 주는 것이다. 나머지 사람도 이에 준할 것!

만력 36년(1608) 월 일 표창함.

留鄉所為敷報事水營接金玉啓等二

十五人連名所志內矣徒等千里海域喧喧口

之泯醫々草芥之情　九重天門無由可

達徒懷覆盆之歎者十有七年而去壬辰

四月也兇冠大熾先陷釜山進攻東萊百

萬生靈盡膏兇鋒自此以後賊兵乘勝

彼强我弱人心反是忍恥偷生趍附賊中者

不知其幾許矣徒等待變精卒水使李

教是状 啓退陣于慶州兵勢不利散衆
之後矣徒等五丙自焚不勝悚慨欲斬一賊圖
報萬一登山討賊同年十一月分新水使李教
是迎來中道討賊癸巳年三月分又新水使
李随行聚兵于長髻地負羽從軍水陸
戰陣之勞不可盡記是齊大縣矣徒東
菜入賊路初程盡蕩家產無望生全自初
至終隆守　國節以先為期身據干戈

慷慨討賊爲乎矣海濱遐遠

王化不沾終使爲　國忠誠空棄塵埃績如

極爲冤悶爲白置右良實蹟乙良粘連公

文及一鄕詢問依例論賞爲只爲所志題音

內搏採公論查覈實蹟牒報事題音是

白乎等以良採取公論則右人等自變初舊

義荷戈慷慨討賊終始從軍乙仍于功勞

各人小名後錄爲去乎依他分揀報使論賞

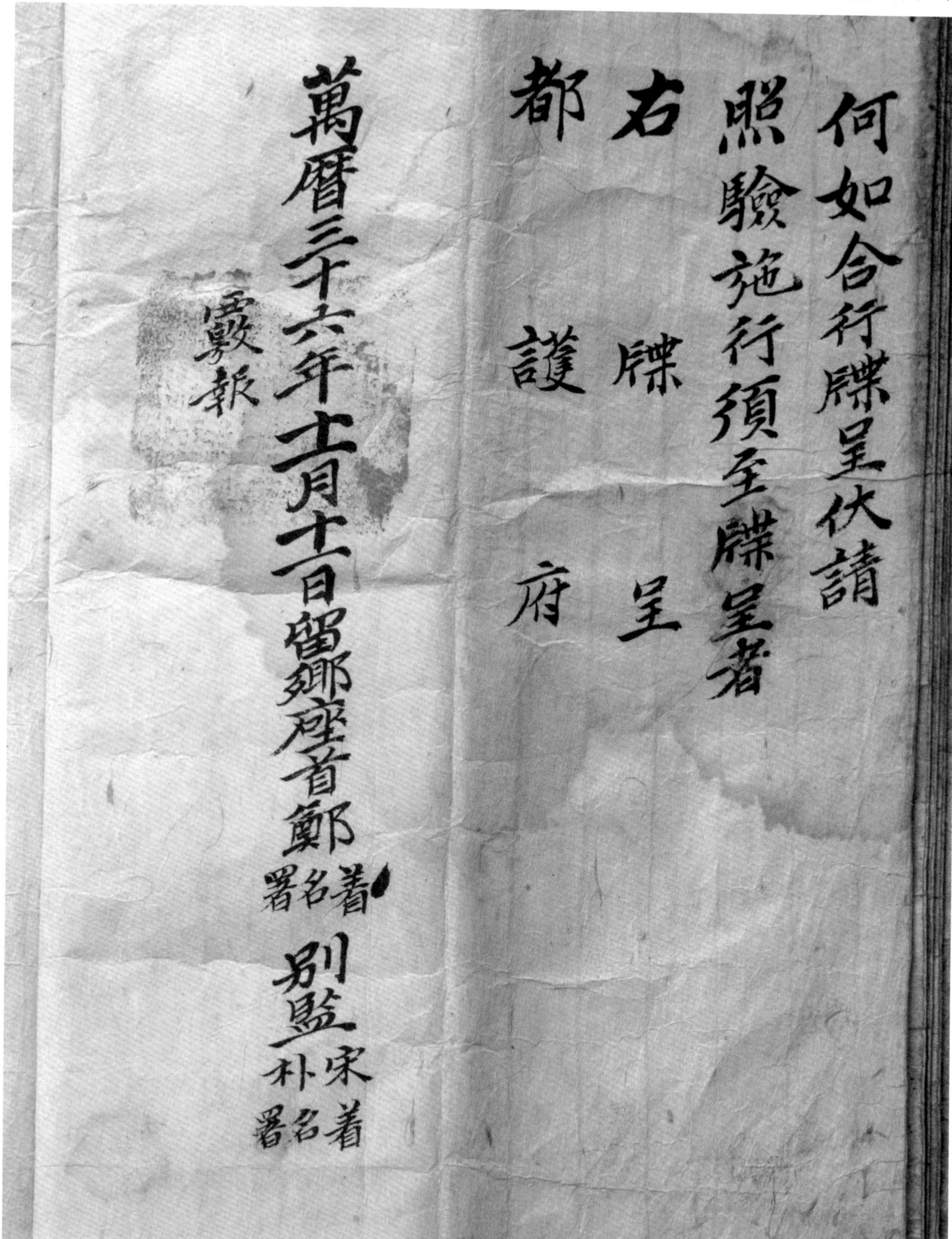

何如合行牒呈伏請

照驗施行須至牒呈者

右

都　　牒　呈

　　護

　　　府

萬曆三十六年十二月十一日留鄕座首鄭　署名著

　　　　　　　　　　　　　　別監　宋　著
　　　　　　　　　　　　　　　　朴　署名

覈報

유향소위핵보사5

後録

金玉啓

鄭仁彊

崔松業

崔守萬

朴枝樹

金彭良

朴應福

沈　男

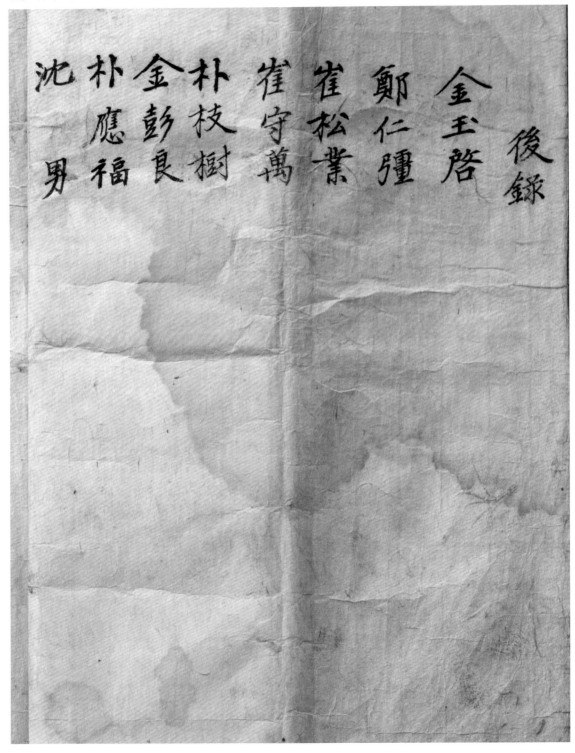

李銀春
鄭壽元
朴林
辛福
李壽
李希福
崔汗連
崔汗孫
崔莫乃

崔末叱良
金達止
金德奉
李實貞
金許弄
朱難金
金從守
金進玉
際

# 유향소위핵보사(留鄕所爲覈報事)

– 유향소(조선시대 지방관장을 보좌하던 자문기관)에서 조사해
   동래도호부에 보고한 기록

수영주민 김옥계 등 25인이 진정서 안에 연명되어 있는데, 그들은 서울에서 천리
나 떨어진 바닷가의 보잘것없는 백성으로서 지푸라기 같은 답답한 심정을 구중
궁궐에 호소할 길이 없어, 한갓 임금님 은혜를 입지 못하는 탄식을 해온 지 17년
이 지났습니다.

지난 임진년 4월 흉악한 왜적들이 크게 날뛰어 먼저 부산을 함락시키고 동해를
쳐들어 왔을 때 많은 생목숨들이 적의 창칼에 희생이 되었습니다.

이 이후로 적병들이 싸움에 이긴 틈을 타서 휘몰아칠 적에 저들은 강하고 우리는
약했는데 인심은 이와 반대로 부끄러움을 참고 살기를 탐내면서 적군에 붙은 자
가 얼마인지 모를 정도였습니다.

그들은 변란에 대비하고 병졸을 훈련시켰는데, 수사 이교시(李教是, 박홍의 오기
인 듯)는 장계를 올려 경주로 후퇴하고 전세는 불리하여 군대가 다 흩어진 후에도
그들은 오장이 타는 듯한 비분강개함을 견디지 못하여, 하나의 왜적의 목이라도
베어 국은의 만분의 일이라도 갚을 계획으로 산에 올라 적과 싸웠습니다.

같은 해 11월경 새 수사 이교시를 맞아 오는 중도에서 적을 토벌하였고 계사년
(1593) 3월경 또 새 수사 이수행이 (경북) 장기 땅에서 군대를 모아 화살을 메고
종군하면서 해상과 육지의 싸움터에서 분전한 것은 이루 다 기록할 수 없습니다.

대개 그들은 동래 사람으로서 적이 처음 쳐들어 올 때 가산이 다 탕진되어 온전
히 살아갈 가망이 없었으나 처음부터 끝까지 나라에 대한 충절을 굳게 지켜 죽
을 각오로 방패와 창을 어깨에 메고 비분강개하는 마음으로 적을 토벌하였으나
바닷가가 서울에서 멀고멀어 임금님 교화가 미치지 못하여 마침내 나라 위한 충
성이 부질없이 티끌 속에 버려져 계속하여 지극히 원통하기도 한 바로서, 실적
을 공문에 첨부하고 온 고을을 방문하여 예에 따라 논상(論賞)하기 위하여 진정
서 제김[소송장이나 진정서 등에 대한 판결문. 한자는 제음(題音)으로 씀.] 안에

'널리 여론을 수집하여 그 실적을 조사하여 문서로서 보고하라'는 판결이 온지라 여론을 수집해 본즉 이 사람들은 처음부터 충성심을 떨쳐 무기를 들고 비분강개하는 마음으로 끝까지 종군하였으므로 공로 있는 각 사람의 이름을 뒤에 기록하오니 다른 예에 따라 분간하여 논상하도록 보고함이 어떨까 하여 합해서 문서로서 올리오니 엎드려 청하옵건대 밝게 살피시어 조사, 보고된 자들에게 시행하여 주옵소서.

위와 같이 문서로 도호부에 보고합니다.

만력 36년(1608) 11월 11일

유향좌수 정(서명함) 별감 송·박(서명함)이 이 사실을 조사, 보고합니다.

都護府爲完護事萊固壬亂初陷之地有忠烈祠

祠卽殉義諸公揭虔之所也　官之初涖祇謁于祠

退而讀遺誌凜凜義烈赫赫如昨日事而又有二十四

人焉何其壯也惜其誌尚未梓行詢于院儒圖所以

廣布續聞水營有二十五人乃能倡義力戰樹立卓

卓東岳李先生涖府在於亂後十七年俯詢留鄉

得其實蹟義勇扁門爲文旌榜謹按其文曰懷

慨從軍終始討賊七年兵丈一心金石足不躡於鑾庭

奮勇節而殉 國疾風知勁草者其此之謂歟嗚呼以

東岳尚忠之心在龍蛇不遠之日博採輿論發此幽

潛實與本府之二十四人一體同功而其後營府之請褒

獨枚二十四人而不及於二十五人此非諸公之取舍於其間

職是屢孫幾死僅存蠢蠢浦村未及來訴於登報

之時也可勝歎哉今當祠誌之剞劂固宜付錄於干

四人之下以示愈久必伸之義而除非 贈職諸人則

初不入焉故亦未同列誠爲慨然今其抱錄而來籲者金

도호부위완호사

興閭等卽二十五人中金玉啓崔莫乃辛福李壽之後

裔也今去壬辰不過二百餘年之間有子孫者只此孽

人則天之報施亦未可知矣惟此孽人之子孫今不在於

賤籍而安知矣千百年之後微沁末葉未免其橫侵

之歎乎盖千萬人之中有二十五人二十五人之中有子孫

者孽人則吁亦貴矣玆依二十四人子孫例有才者陞叙

之有役者蠲免之于以樹一方之風聲振百世之綱常

甫其奮發忠義毋忝甫所生爲所居洞里烟□□

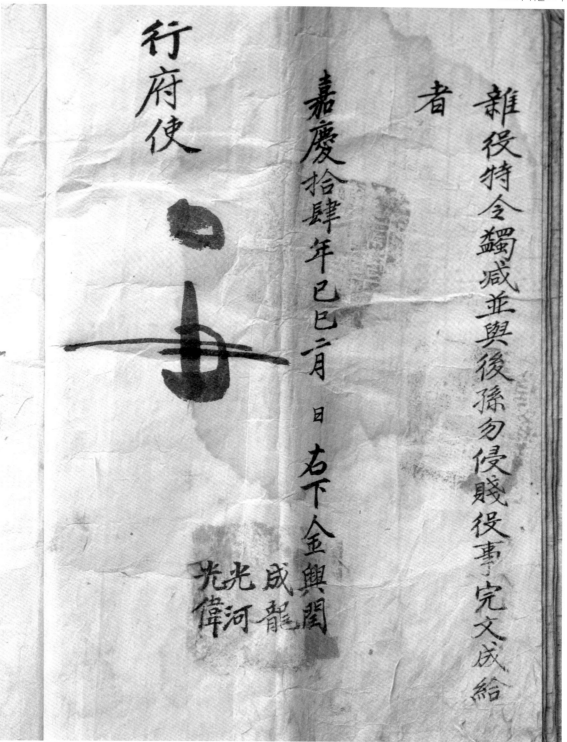

雜役特令蠲減並與後孫勿侵賤役事完文成給

者

嘉慶拾肆年己巳二月　日　右下金興閨

成龍
光河
光偉

行府使

# 도호부위완호사(都護府爲完護事)
## - 도호부에서 원호(援護)를 결정한 일

순조 9년(1809) 동래도호부사 오한원이 수영 25의용제인의 후손들에게 원호와 아울러 지방민에게 교훈과 윤리도덕을 진작하기 위하여 작성한 문서임.

동래부는 원래 임진왜란 때 맨 처음 함락한 곳으로 충렬사가 있는데 이 충렬사는 곧 임진왜란 때 절의를 위해 목숨을 바친 여러 분을 모시는 곳이다.

처음 이곳 부사로 부임하자 삼가 사당에 참배하고 물러나 유지(遺誌)를 읽어보니 늠름하고 뛰어난 충의가 어제 있었던 일처럼 빛났는데, 또 24인 별전공신이 있으니 얼마나 장한 일인가.

애석하게도 그 충렬사지(忠烈祠志)가 아직 간행이 되지 않아 안락서원의 여러 선비와 상의하여 널리 세상에 펼 계획인데 이어서 수영의 25인이 의병을 일으켜 분전하여 뛰어난 공적을 세웠다는 것을 들었다.

이동악(李東岳, 동악은 이안눌 부사의 호) 부사가 동래부에 부임한 때는 임진왜란 후 17년이었는데 유향소에 문의하여 그들의 실제 공적을 조사하여 '의용'이란 두 글자를 대문 위에 달게 하고 문장으로 표창하였다. 그 문장을 살펴보니 거기에 이르기를 '비분강개한 마음으로 종군하여 처음부터 끝까지 적병을 토벌하여 7년 전쟁에 금석 같은 한마음으로 원수의 뜰에 발을 들여놓지 않았고, 용맹과 절의를 떨쳐 나라에 몸을 바쳤으니, 거센 바람이 불어서야 억센 풀을 알 수 있다' 했다.

오호, 동악은 충절을 숭상하는 마음으로 용사(龍蛇)의 난[임진왜란을 말한다. 임진년은 용띠 해, 그다음 계사년은 뱀띠 해. 임진왜란 첫 두 해 전투가 격렬해서 용사의 난이라고 부른다]이 멀리 지나지 않은 날에 두루 여론을 채집해 그윽하게 드러내었다. 본부(本府)의 24인과 수영의 25인은 둘 사이에 취사선택한 것이 아니라 단지 잔약한 자손들이 겨우 생명을 부지하면서 궁벽한 갯마을에 움츠리고 살았으므로 보고하는 기회에 미처 알리지 못했기 때문이었으니 한탄스러움을 이길 수 있겠는가.

이제 충렬사지를 간행함에 있어 당연히 24별전공신 다음에 기록하여 '오래 갈수록 반드시 현창한다'는 뜻을 보여야 하겠으나 증직(贈職)을 받은 사람이 아니면 처음부터 기입하지 않았으므로 또한 함께 벌여 적을 수 없으니 진실로 개탄할 일이다. 이제 기록을 가지고 와서 호소하는 사람은 김흥윤 등이니 곧 25인 중 김옥계, 최막내, 신복, 이수의 후손들이다.

임진왜란을 겪은 지 이제 불과 2백여 년 사이에 자손이 있는 사람이 다만 이 몇 사람뿐이니 하늘의 보답도 또한 알 수 없는 일이다. 오직 이 몇 사람의 자손이 지금은 천적(賤籍)에 들어있지 않지마는 몇백 년, 몇천 년 후에 쇠잔한 후손들이 함부로 천대를 받을는지 어찌 알겠는가. 대체로 천만 사람 가운데 이 25인이 있었고 25인 가운데 자손 있는 사람이 몇뿐이니 아, 참으로 귀한 일이도다.

이에 24별전공신의 예에 따라 재주가 있는 사람은 승진시켜 주고 호역을 가진 사람은 면제해 줌으로써 한 지방의 교훈을 세워 백대(百代)의 윤리 도덕을 진작하노니, 그대들은 충의의 마음을 떨쳐 그대 조상들을 부끄럽게 하지 말지어다. 살고 있는 동리의 호역은 특별히 면제하고 아울러 후손들도 천역을 받지 않도록 하는 결정문을 주는 바이다.


가경 14년(1809) 기사년 2월 일

우하(右下) 김흥윤 김성룡 김광하 김광위

행●부사


---

● 행(行)은 조선시대 행수법(行守法)에 의한 것으로 품계가 관직의 직급보다 높으면 관직 앞에 '행'을 썼고 그 반대면 '수'를 썼다. 조선시대 각종 공덕비 맨 앞에 '행'을 쓴 경우가 이에 해당한다

# 출신
## 김옥계

김옥계는 수영 25의용 중의 한 분이다. 그러나 단순한 한 분이 아니고 맨 앞의 한 분이다. 동래 충렬사에 봉안된 25의용 신위에도 맨 앞에 나오고 수영사적공원 의용단 스물다섯 비석에도 맨 앞에 나온다.

맨 앞에 나오는 이유는 김옥계가 25의용을 이끈 대장이라는 방증이다. 그러나 대장이란 증거는 그동안 말로만 전해졌다. 임진왜란 전에는 뭘 했는지도 정확히 알려지지 않았고 나이도 몰랐다. 대장이란 것을 굳이 부정하지는 않았지만 그렇다고 인정하는 분위기도 아니었다.

김옥계는 어떤 인물일까. 그리고 언제 태어났을까. 그것에 접근하는 단초가 25의용단 김옥계 비석의 이름 위에 새겨진 '출신(出身)'이다. 의용의 함자를 새긴 비석 25기 가운데 '출신'을 명기한 건 오직 이 비석 하나뿐이고 이것이 김옥계의 신분이 어땠는지 알려준다. 나아가 그가 태어난 출생연도까지.

출신. 이 말은 지금이야 '어디어디 출신' 정도로 쓰이지만 조선시대만 해도 전혀 다른 뜻으로 쓰였다. 과거시험 합격자, 그 중에서 무과시험 합격자, 그중에서 벼슬에 나아가지 못하거나 않은 사람을 지칭하는 말이었다. 여러 갈래로 해석은 되지만 단순하게 풀이하면 무과 과거시험에 합격하고도 벼슬은 하지 않은 이가 출신이었다.

과거는 출신의 전제조건이었다. 과거시험 합격자 명단에 김옥계의 이름이 나온다는 뜻이기도 했다. 조선시대는 기록의 시대였다. 조선왕조실록이 기록의 소산이었고 각 집안에 전해지는 족보가 기록의 소산이었다. 과거시험 합격자의 명단을 적은 기록도 분명 어딘가에 있을 터였다.

무과방목(武科榜目)이 그런 책이었다. 여기에 조선시대 무과 급제자 명단이 나온다. 과거는 문과와 무과로 나누어 치렀는데 문과 급제자는 문과방목에 기록했고 무과 급제자는 무과방목에 기록했다. 문과방목을 용방(龍榜), 무과방목을 호방(虎榜), 이 둘을 합쳐서 용호방목(龍虎榜目)이라고 했다.

용호방목은 워낙 귀한 문서라서 직접 보지는 못했다. 대신에 규장각 한국학중앙연구원에서 운영하는 디지털 백과사전인 '한국역대인물 종합정보시스템'에 과거시험 역대 합격자 명단이 문무과로 나뉘어 나온다. 거기에 김옥계 관련 정보가 실렸다.

조선시대 무과시험은 3단계로 나누어 치렀다. 1단계가 초시, 그 다음이 복시, 마지막이 전시였다. 전시(殿試)는 초시, 복시 합격한 다음에 임금이 보는 앞에서 치르는 시험이었으므로 전시를 본다는 것 자체가 대단한 실력이었고 한 가문으로선 영광이었다. 그리고 이 전시를 통과해야 최종합격이었으며 무과방목에 등재될 수 있었다.

무과방목은 정해진 조항이 있었다. 기본적으로 시험일과 시험관, 시험 과목, 선발 인원수, 전시일, 출방일, 방방일, 사은일, 알성일 등의 날짜 등을 먼저 적었고 그 다음에 갑과, 을과, 병과의 순서로 급제자 명단을 기록하였다. 급제자와 관련

**25의용단의 김옥계 비석.** 25의용을 기리는 스물다섯 비석 가운데 유일하게 이름 앞에 '出身(출신)'이 새겨져 있다. '출신'은 조선시대 문과·무과·잡과 등의 시험에 합격한 이를 일컫는 말이다. 김옥계는 1599년(선조 32) 무과시험에 급제했다.

한 기재 사항은 급제자 순위를 적고, 지역과 이름, 나이, 본관, 거주지, 아버지와 형제 관련 사항 등을 기록했다.

김옥계(金玉戒), 1557년생, 1599년(선조 32년) 급제, 동래, 병과 152명 급제자 중에서 15위. '한국역대인물 종합정보시스템'에 등재된 김옥계 관련 정보다. 의용단 비석에는 한자 이름이 김옥계(金玉啓)로 되어 있지만 이명동인(異名同人)이다. 이 책의 다른 글에서 밝히겠지만 김옥계의 후손이자 족하(族下)인 부산대 김부윤 명예교수가 보여준 족보에는 김옥계 이름을 김옥승(金玉承)으로 명기하고 잔글씨로 '초휘옥계(初諱玉啓) 일운옥계(一云玉戒)'라고 적었다. 어릴 때는 옥계(玉啓)라 했고 한편으론 옥계(玉戒)라고도 불렀다는 이야기다.

1599년은 임진왜란이 막 끝나던 해. 때가 때인 만큼 무과 급제자를 대거 뽑았다. 평상시에는 열 몇 명 뽑던 걸 그 해는 무려 152명을 뽑았다. 거기서 김옥계는 당당히 15등을 했다. 그것도 우리 나이 43세에. 임진왜란 7년 내내 왜군과 맞서는 실전을 치렀으므로 나이와 무관하게 누구보다 기량이 빼어났을 것이다. 그러한 기량은 25의용의 맨 앞에 서서 결사항전을 이끈 주역이 그였다는 방증이기도 하다. 참고로 출생연도는 방목과 족보가 다르다. 방목은 1557년 정사년으로 나오고 족보에는 1564년 갑자년으로 나온다. 7살 차이가 난다.

김옥계는 왜 '출신'에 머물렀을까. 대개의 경우 합격등수가 뒤쪽이면 벼슬을 받지 못하고 '출신'이 되기 십상인데 152명 중에서 15등을 하고도 벼슬에 나서지 않은 건 왜일까. 나는 그 이유가 나이에 있다고 본다. 급제할 때 나이가 방목 기준으로 43세였다. 족보로 해도 37세였다. 지금은 중년 연배지만 그때는 손자까지 둔 노년이었으리라. 벼슬하기엔 늦은 나이였고 벼슬을 받았어도 스스로 젊은이들에게 양보했으리라고 믿는다.

하지만 품계는 받았다. 종6품 무관 중에서 양반에게 주는 병절교위(秉節校尉)라는 품계였다. 병절교위는 오늘날 대위에 해당한다. 종6품관에게는 1438년(세종

25의용단 왼쪽 단비(壇碑). 맨 오른쪽 큰 비석은 1853년 세운 의용제인비(義勇諸人碑)다. 비음(碑陰, 비석의 뒷면)에 25의용의 내력을 밝혔다.

20년) 정비된 녹과(祿科)에 의거하여 실직(實職)을 따져 한 해 네 차례 중미(中米: 중질의 쌀) 5석, 조미(糙米: 매갈로 만든 쌀) 17석, 전미(田米: 좁쌀) 2석, 황두(黃豆: 콩의 하나) 8석, 소맥(小麥: 참밀) 4석 등이 지급됐다.

김옥계가 과거를 볼 때만 해도 25의용의 행적은 알려지지 않았다. 25의용의 행적을 인정받은 후광으로 합격하지 않았다는 이야기다. 25의용의 행적이 알려진 것

25의용단 오른쪽 단비와 의용제인비 안내판

은 그로부터 9년 후인 1608년 이안눌 동래부사 때였다. 이안눌 부사가 25의용의 행적을 담은 공문서 '정방록(旌榜錄)'을 작성하면서 수영의 기개, 수영의 정신이 삼천리 방방곡곡 알려졌고 25의용의 맨 앞에 '김옥계'란 이름이 올려진다.

동래부 남촌면 당곡리. 김옥계의 묘가 있던 곳이다. 지금의 대연동 부산문화회관 자리다. 부인 연안 이씨 묘가 같이 있었고 상석(床石)을 갖췄다. 대연동 당곡공원이 부산문화회관 부지로 결정된 건 1981년 8월 5일이었다. 1983년 10월 착공에 들어갔고 1986년 7월 대극장을 준공했다. 당곡공원에 문화회관이 들어서면서 김옥계 부부 묘는 황령산터널 입구로 이장되었다. 이후 도시계획으로 도로로 편입되면서 화장하였다. 현재 충렬사에 위패를 모셨다.

출신 김옥계. 김옥계 비석 앞에 서면 감회가 남다르다. 유독 '출신' 두 글자를 이름 위에 새겨서 남다르고 족하 김부윤 교수를 통해 내가 김옥계의 후손이란 걸 알게 돼 남다르다. 비석을 쓰다듬으면 느껴지는 온기. 이 온기가 어찌 햇볕만의 온기이랴. 참새가 그런 낌새를 알아챘는지 졸싹대는 소리를 멈추고 묵언에 들어간다.

# 김옥계와 나

"선배님, 저는 경남고 28회입니다. 선배님 책 잘 읽고 있습니다. 한 번 뵙고 싶습니다." 그날은 마침 집에 있었다. 그래서 아파트 인터폰으로 울리는 일반전화를 받을 수 있었다. 그 시간에는 집에 거의 없었고 일반전화도 거의 없었으므로 통화가 된 것 자체가 어떤 필연처럼 느껴졌다.

전화를 받고 고교 후배라며 자기 소개를 할 때만 해도 몇 달 전에 펴낸 졸저 <정방록을 찾다> 독자의 한 사람이려니 여겼다. 그는 동문회 명부를 뒤져 거기에 등재된 일반전화 연락처를 찾았고 전화를 건 터였다. 휴대폰 전화도 있었지만 019로 시작하는 구식 번호였다.

그러나 단순한 독자전화가 아니었다. 후배가 들려주는 이야기 한 마디 한 마디가 번쩍 뜨였다. 수영 25의용의 한 사람인 김옥계 장군의 후손이며 집안에서 '정방록' 원본을 대대로 보관해 온다고 했다. <정방록을 찾다>를 집필하는 과정에서 25의용 최막내의 후손은 만나봤지만 김옥계 후손과 이렇게 이어지리라곤

집안 대대로 전해오는 〈김가정방록〉 원본을 가운데 두고. 왼쪽부터 김옥계 장군의 장손 김부삼 선생, 김부윤 부산대 명예교수, 그리고 저자.

정말이지 꿈에도 기대하지 않았기에 얼른 후배를 만나고 싶었다.

며칠 후 후배를 수영로터리 부근의 커피숍에서 만났다. 얼마 전에 정년퇴직했다며 명함을 건넸다. '부산대학교 사범대학 수학교육과 교수 이학박사 김부윤(金富允).' 평생을 교직에 봉직하며 후학을 양성하다가 2020년 퇴직한 후배가 뿌듯했고 대견했다. '역시 우리 경남고'였다. 수인사를 마치자 후배는 가져온 서류를 펼쳤다. 서류는 두 가지였다. 하나는 '정방록' 원본을 복사한 사본이었다. 종형 댁에서 보관하는 원본은 오래된 고문서라서 들고 다니면 훼손의 우려가 있으므로 복사해 왔다고 했다. 원본은 그 다음 주 남구 대연동 종형 댁에 사진작가 이인미 선생과 함께 가서 촬영할 수 있었다.

가첩(家帖). '정방록' 사본과 함께 가져온 다른 서류는 가첩이었다. 가첩은 한 집안의 계보를 적은 책이다. 자기 집안에서 소장하는 개인 족보로서 이것이 모여서 하나의 큰 족보가 된다. 후배가 내민 가첩은 그 재종숙부 되시는 분이 후배 집안의 족보를 정리해서 후배에게 남긴 집안 내력이었다. 솔직히 말하지만 그때 내 관심사는 온통 '정방록'이었기에 후배가 가첩을 내밀 때만 해도 그다지 눈에 들어오지 않았다.

'오, 세상에!' 전혀 뜻밖이었다. 가첩은 들여다볼수록 그리고 후배의 설명이 이어질수록 어마어마한 사실을 알게 되었다. 후배와 나는 김해김씨 같은 파였다. 이러한 사실은 나 역시 김옥계의 후손이란 이야기였다. 후배도 나도 '김해김씨 금녕군 목경파'였고 후배 집안도, 우리 집안도 같은 항렬을 쓴다는 사실도 알았다. 할아버지와 아버지, 그리고 나로 이어지는 항렬과 후배 집안의 항렬이 정확하게 일치했다.

'ㅇ식(植), 현(顯)ㅇ, ㅇ배(培), 종(鍾)ㅇ, ㅇ태(泰), 영(榮)ㅇ, ㅇ겸(謙), 재(載)ㅇ, ㅇ진(鎭), 호(浩)ㅇ.' 항렬은 식에서 시작해 호로 끝났다. 나는 할아버지 함자가 현 자 봉 자, 현봉이고 선친이 기 자 배 자, 기배이며 그리고 종 자 항렬의 나로 이어진다. 1916년 창립한 수영기로회 창립회원 중의 한 분인 할아버지는 족보에는 '봉희'로 등재됐지만 수영기로회 등기부에는 현봉으로 돼 있다. 후배인 김부윤 교수는 4대 아래였다. 4대 아래 항렬은 재(載)이고 후배는 부(富)를 쓰지만 족보에 실린 이름은 재윤이라고 했다. 졸지에 나는 후배에게 '할할할할아버지'가 되었다.

선친은 당신의 사업에도 일가를 이루었지만 공적인 일에도 선뜻 나섰다. 늘 그랬다. 그래서 수영 25의용의 얼을 기리는 '수영의용충혼숭모회' 초대 이사장을 맡으셨고 김해김씨 종친회 족장(族丈)과 금녕군 목경 할아버지를 기리고 추모하는 화산재장(華山齋長), 가락부산 종친회장을 맡았다. 선친은 당신이 김옥계 후손이란 걸 모르셨다고 생각한다. 할아버지는 아셨겠지만 엄혹했던 왜정 시절, 어떤 해코지를 당할지 몰라 아버지에게 알리지 않았다고 본다. 아버지는 수영 토박이로서, 오로지 애향심으로서 수영의 옛 사당을 돌보셨고 김옥계 장군이 속한 수영 25의용단을 모셨다.

그리고 그 피는 나에게도 이어졌다. 선친이 그러셨던 것처럼 나 역시 정월이면

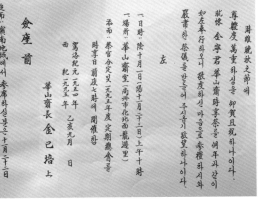

옛 사당에 들러 청소하고 문단속했으며 25의용 향사가 열리면 참례하고 마음을 보탰다. 25의용으로 대변되는 수영의 올곧고 뜨거운 정신이 널리널리 알려지고 두고 두고 이어지기를 바랐다. 나도 선친처럼 '내가 수영 토박이라서 그런가 보다' 그렇게만 여겼다. 그러나 그건 내 의지만은 아니었다. 나는 몰랐지만 내 속에는 김옥계 할아버지의 뜨거운 피가 이어지고 있었고 그 분의 얼이 나를 지금의 나로 이끌었다. 내가 후배의 전화를 받은 게 우연이 아니었듯 내가 수영의 일에 열심인 것도 우연이 아니었다. '오, 세상에!'

김해김씨 종친회 족장(族丈)과 금녕군 목경 할아버지를 기리고 추모하는 화산재장(華山齋長), 가락부산 종친회장 등을 맡았던 저자의 부친 (사진 맨 위 붉은 도포를 입은 이).

저자 부친의 명의로 발송한 금녕군 화산재시향제(時享祭) 개최 안내문 (가운데).

저자의 부친 김기배(金己培) 족장을 화산재장으로 추대했다는 1994년 12월 가락회보 기사. (사진 맨 아래)

# 국제신문과
# 인터뷰하다

"직접 만나서 인터뷰하고 싶은데 다음 주 언제가 좋겠습니까?" 모르는 번호가 떴다. 받아보니 국제신문 문화부 조봉권 선임기자라고 했다. 뒤에 알았지만 조 기자는 부산 언론계에서 인정받는 중견기자였다. 국제신문 문화부장, 편집부국 장 겸 인문연구소장을 거쳐 문화부 선임기자를 맡고 있었다.

조봉권 기자와는 일면식도 없었다. 그런데도 전화가 온 데는 사연이 있었다. 한 달 전인가 두 달 전 국제신문에 투고한 '독자 기고'를 보고서 건 전화였다. 기고 형식의 박스기사로 싣기엔 내용이 아깝다며 인터뷰해서 대대적으로 알리고 싶 다는 거였다. 그래서 직접 만나고 싶다며 전화했다.

국제신문에 투고한 독자 기고는 제목이 '정방록을 찾다'였다. 이 책에도 실었지 만 정방록은 임진왜란 수영 25의용의 행적과 공상(功狀)을 다룬 고문서인데 행 방이 묘연했다. 학계의 공식적인 입장은 '그런 고문서가 있었다는 기록만 있다'였 다. 안타깝게 여기던 터에 정방록을 발견하게 되었고 그러한 이야기를 국제신문에 투고했던 것이다.

조봉권 선임기자 인터뷰는 2021년 2월 23일 이뤄졌다. 오전 11시 수영구청 3층 민주평화통일자문회의 부산수영구협의회 사무실로 찾아왔다. 김성효 사진부장과 함께였다. 조봉권 기자에게 다리를 놓아준 동길산 시인도 함께했다. 수인사를 나누고 사진 촬영에 들어갔다. 정방록 사본을 들고 자세를 취했다.

긴장은 됐지만 내심 기뻤다. 수영구에서 각종 단체 대표를 맡아 행사 사진의 가운데는 더러 서 봤지만 신문사 사진부장이 독사진을 찍어준 경우는 처음이었다. 옷도 평소 잘 안 입는 정장차림이었다. 사진 찍는 장면을 지켜보던 조봉권 기자는 자리를 옮길 것을 제안했다. 내용이 내용인 만큼 정방록 산실인 수영 25의용단으로 가자는 것이었다.

맞는 말이었다. 흔쾌히 동의했다. 구청 주차장에 세워둔 국제신문 취재차량을 타고 수영사적공원 25의용단으로 이동했다. 차에는 다섯 명이나 탔다. 조 선임기자와 김 사진부장, 동 시인, 나, 그리고 운전기사였다. 코로나 시대에 다섯 명이 타도 되는지 농담 삼아 물었고 공적인 일이면 괜찮다는 답이 돌아왔다.

의용단은 성역이라서 출입문은 평소 닫아 둔다. 이날도 그랬다. 문은 수영고적민속예술보존협회 김영수 부장이 열어주었다. 이 협회가 의용단을 관리한다. 의용단에는 모두 26기의 비석이 모셔져 있다. 25의용 한 분 한 분의 이름을 새긴 비석 25기와 25의용 전체의 공적을 밝힌 '의용제인비' 1기다. 의용제인비는 1853년 세운 비석이라서 고색창연하다.

사진 촬영을 또 했다. 신문 한 면에 다 실리는 기사라서 사진을 많이 찍어 둔다고 했다. 의용단 전체를 배경에 두고 찍기도 했고 의용제인비 앞에서 찍기도 했다. 신문에는 의용제인비 앞에서 찍은 사진이 큼지막하게 실렸다. 사진은 지금 봐도 마음이 걸린다. 경건한 장소인데도 미소를 머금고 있어서다. 정방록을 찾은 사실을 세상에 알리는 일이 뿌듯해서 나도 모르게 웃는 표정을 지었던 모양이다.

국제신문 2021년 3월 3일 수요일

# 25의용 흔적 뒤쫓다 만난 후손, 그의 족보서 '수영향토사' ▢

**조봉권의 문화 동행**

### 〈8〉 정방록 빛 보게 한 김종수 씨

수영史에 평생 바친 부친 따라 지역 역사 되찾기 활동에 앞장 책 쓰며 정방록 찾기 매달렸지만 문헌 속 존재기록 확인에 그쳐

최막내 의용 15세손 도움으로 국가가 내린 정방록 내용 확인 호역 면제·공적에 따른 상 담겨

"수영 25의용 대부분 일반 백성 왜란 활약 국가에서 인정한 셈 부산 대표 역사 콘텐츠로 가꿔야"

그 모든 일은 '아버지'를 기리는 마음에서 비롯됐다. "선친께서는 1925년 수영 본동(수영동 85번지)에서 태어난 수영 토박이셨습니다. '수영 25 의용'을 기리는 일부터 수영의 얼을 잇고 가꾸는 일에 한평생 노력하셨죠. 수영기로회, 사단법인 수영 의용충혼숭모회 등의 대표를 맡아 열과 성을 다하셨습니다." 김종수(72) 민주평화통일자문회의 부산수영구협의회장은 "그런 아버님 모습을 곁에서 보며 힘을 보태다 보니 저 또한 수영 향토사와 문화를 가꾸는 일을 오랫동안 하게 됐다"고 선친을 회고했다.

김 회장의 선친 백산 김기배(1925-1997) 선생 일대기를 보면 그분의 '수영 사랑'과 진취적 인물을 짐작할 수 있다. ▷수영고당 중건·신축 ▷수영 의용충혼 숭모회 초대 이사장 ▷1963년 부산시 일반개간허가 제1호 동흥농장(백산 일대) 개척 ▷1950년 이전부터 현재 부산데파트 일대에서 전국 규모 동흥농약 경영 ▷무술년(1994) 수영 25의용 향사 초헌관 등 부산현대사, 수영지역사를 고스란히 품은 삶을 살았다. 수영 의용충혼숭모회는 25의용을 기리는 단체다.

김 회장은 "저 또한 수영의 여러 모임 대표를 맡아왔고 우리 고장 일에 내 일처럼 나서왔다. 민락동 100년 역사를 담은 책 '민락 100년', 수영 어부의 삶을 담은 '도시어부의 삶과 일상' 발간에 힘을 보태기도 했다. 모두 선친의 영향이다"고 말했다.

**■선친의 뜻 잇고자 책 집필 나서**

김종수 회장은 수영 향토사에 관한 책을 쓰는 것으로 선친의 뜻을 이으려 했다. "애초 책 제목에 '수영 25 의용(단)'을 넣고 내용 또한 그 중심으로 전개할 구상을 했습니다. 그런데 평소 교류하던 동길산 시인이 '수영 25 의용의 공적을 국가가 공인한 기록으로, 이안눌 동래부사가 쓴 '정방록(旌傍錄)' 자체가 중요하니 그걸 찾아보라'고 말해주더군요. 동 시인은 수영구가 내는 신문에 10년 넘게 글을 쓰고 있어 수영 역사와 문화에 해박한 분이죠."

김 회장은 "1592-1598년 벌어진 임진왜란·정유재란 내내 왜적에 대항했던 분

수영 25 의용단의 사당 '의용사(義勇祠)' 전경.

들이 수영 의용 25인(하급 군관 또는 평범한 백성이었다)이고 그 공적을 기록한 것이 '정방록'이라고 설명했다. 한시(漢詩) 4300여 편을 남긴 탁월한 문인이자 백성을 잘 보살핀 빼어난 목민관인 이안눌(1571-1637)이 동래부사로 있던 1608년 수영 주민의 청원을 받아 조사한 뒤 '정방록'을 썼다. 이를 둘러싼 상황 전반은 1853년 수영 25의용단을 조성하면서 경상좌수사 장인식이 지은 '의용제인비(義勇諸人碑)'에도 잘 정돈돼 있어 일부를 인용한다.

"…난리가 끝난 뒤 동악(東岳) 이안눌 공이 부사로 와서 백성의 탄원서에 따라 25인의 행적과 7년 동안 육지와 바다에서 전투한 행적을 탐문하고 의용(義勇) 두 글자를 여러 집 대문에 걸게 하며 '정방록'에 먼저 기록하였다. 이때는 살아남은 사람이 몇 있었으니 반드시 상세하게 조사했을 것이다. 그 뒤 오한원 공이 부역을 면제해줌으로써 포상하고 글을 지어 표창하였다.…이 25명은 먼 변방의 군교(軍校)로서 죽음으로 나라에 보답할 것을 맹세하고…."

**■파묻혔던 '김가정방록' 재발견**

"수영 25 의용 자료를 많이 접할수록 '정방록' 언급도 늘어났는데, 정작 '정방록' 자체를 찾을 수 없어 힘들었다"고 김 회장은 떠올렸다. "'정방록'이 침략자인 일본군에 항거해 투쟁한 기록을 담은 만큼 일제강점기 때 일제에 의해 멸실된 게 아니냐 하는 데 생각이 미쳤고, 괴로웠다"고 그는 말했다. 어쨌든 부산시 디지털 부산역사문화대전 등에는 '글(정방록)은 남아 있지 않고, 있었다는 기록만 전하다'고 돼 있고, 한국학 관련 사료를

뒤져도 '정방록'은 안 나왔다.

지난해 9월께 김 회장이 말하는 '첫 번째 기적'이 왔다. "'정방록' 자체를 찾아보라는 동길산 시인의 권유가 뇌리를 떠나지 않았으나 찾지 못하고 책을 쓰기 시작했습니다. 선친께서 각별하게 여기신 수영 의용충혼숭모회 관련 기록을 보던 중 짚이는 데가 있어, 1986년 부산시 남구청(당시 수영은 남구에 속했다)이 펴낸 '남구향토지'를 찾아보니 독립지사 이태길 선생(당시 동천고 교장)이 번역한 '정방록'이 들어있는 것 아니겠습니까?"

'남구향토지'에는 이 '정방록'을 구성하는 '유향소위해보사'(유향소에서 조사해 보고한 기록), 이안눌 동래부사가 쓴 '김가정방록-도호부위완호사(김옥제의 용의 집안에 대한 동래도호부의 표창기록)가 실려 있다. 또 1806년 동래도호부

사 오한원이 수영 25 의용의 후손 호를 제공한 뜻과 내역을 담은 '도완위완호사'도 포함됐다. 1980년 '남구향토지'에 실렸던 것을 '재것이지만, 이 향토사 기록자체가 실상 파묻혀 있었기에 그 의미는

**■최막내 의용 후손 최도선 씨**

그즈음 김 회장은 수영 25 의용한 분인 최막내(崔莫乃) 어른의 최도선(72) 씨를 만나게 된다. 부구 연산동에 사는 최 씨는 이렇다. "족보를 통해 최막내 할아... 임진왜란 때 왜적과 싸워 공을 이란 것을 알고 있었습니다. 조선... 렬사에서 향사를 열 때 의용의 ... 보낸 초청장, 고종의 칙서 등 ... 도 있지요."

김종수 민주평화통일자문회의 부산수영구협의회장이 부산 수영구 수영사적공원 안에 있는 25 의용단에서 최근 찾아낸 '정방록'의 활용방안에 관한 의견을 말하고 있다. 김성효 전문기자 kimsh@kook...

본격적인 인터뷰는 25의용단 본전에서 이뤄졌다. 본전 마루청에 조 선임기자와 마주보고 앉아서 묻고 답했다. 내 대답은 조 기자 노트북에 곧바로 입력됐다. 손놀림이 엄청 빨랐다. 저래서 기자인가보다는 생각이 저절로 들었다. 이인미 사진작가가 소식을 들었는지 찾아와 인터뷰 장면을 사진에 담았다. 이인미 작가는 수영구 망미동에 있는 작지만 딴딴한 출판사 '비온후'에서 사진과 편집을 담당한다. 작년에 졸저 <정방록을 찾다>를 거기서 냈다.

인터뷰는 한 시간 가까이 이어졌다. 중간에 노트북 배터리가 완전히 나가기도 했다. 충전하려고 했지만 본전 어디에도 전기 코드가 보이지 않았다. 식당 가서 충전해 인터뷰를 이어 가자는 둥 이런저런 대안을 찾는 중에 김영수 부장이 달려와 전기 코드를 찾아 주었다. 코드는 마룻바닥 아래 숨어 있었다. 전기 과다 사용으로 인한 화재를 막기 위한 고육지책이었다.

기사는 인터뷰 다음 주 수요일 실렸다. 3월 3일 삼짇날이었다. 삼짇날은 음력이지만 나에겐 대단히 각별한 날이기에 2021년 3월 3일만큼은 양력이 삼짇날로 기억될 것이다. 기사는 조 선임기자 말대로 한 면 가득이었다. '조봉권의 문화 동행 <8> 정방록 빛 보게 한 김종수 씨'란 제목으로 대문짝만 하게 실렸다.

반응은 대단했다. 지인들은 물론이고 내가 회장이나 위원장을 맡은 단체, 공공기관 관계자, 연구자 등이 연락해 왔다. 정방록을 찾게 된 경위, 거기 실린 내용 등을 물었다. 아는 대로 알려줬고 추후 협조도 약속했다. 정방록 전체 번역도 풀어가야 할 과제였다. 앞으로 해나갈 일에 도움이 될 네트워크가 형성되는 느낌이었다.

두 가지 면에서 기뻤다. 내가 한 일, 그러니까 정방록 찾은 일의 가치를 알아주어서 기뻤고 정방록 복원을 통해 우리 사회가 그 가치를 공유할 수 있어서 기뻤다. 정방록의 가치는 발굴로서 그치는 게 아니라 정방록에 스민 우리 조상의 얼을 되찾고 오늘에 되살리는 데 있다. 그런 면에서 박스 기사로 끝날 수도 있었던 것을 신문 한 면에 가득 싣고 그것도 모자라 다른 면까지 게재해 사회적 관심을 널리 환기한 조봉권 선임기자가 참 고맙다. 고마운 마음을 담아 기사를 그대로 여기 옮긴다.

조봉권의 문화 동행 〈8〉

# 정방록 빛 보게 한 김종수 씨

- 국제신문 2021년 3월 3일 15면

그 모든 일은 '아버지'를 기리는 마음에서 비롯됐다. "선친께서는 1925년 수영본동(수영동 85번지)에서 태어난 수영 토박이셨습니다. '수영 25 의용'을 기리는 일부터 수영의 얼을 잇고 가꾸는 일에 한평생 노력하셨죠. 수영기로회, 사단법인 수영의용충혼숭모회 등의 대표를 맡아 열과 성을 다하셨습니다." 김종수(72) 민주평화통일자문회의 부산수영구협의회장은 "그런 아버님 모습을 곁에서 보며 힘을 보태다 보니 저 또한 수영 향토사와 문화를 가꾸는 일을 오랫동안 하게 됐다"고 선친을 회고했다.

김 회장의 선친 백산 김기배(1925~1997) 선생 일대기를 보면 그분의 '수영 사랑'과 진취적 인품을 짐작할 수 있다. ▷수영고당 중건·신축 ▷수영의용충혼숭모회 초대 이사장 ▷1963년 부산시 일반개간허가 제1호 동흥농장(백산 일대) 개척 ▷1950년 이전부터 현재 부산데파트 일대에서 전국 규모 동흥농약 경영 ▷무술년(1994) 수영 25 의용 향사 초헌관 등 부산현대사, 수영지역사를 고스란히 품은 삶을 살았다. 수영의용충혼숭모회는 25 의용을 기리는 단체다.

김 회장은 "저 또한 수영의 여러 모임 대표를 맡아왔고 우리 고장 일에 내 일처럼 나서왔다. 민락동 100년 역사를 담은 책 '민락 100년', 수영 어부의 삶을 담은 '도시어부의 삶과 일상' 발간에 힘을 보태기도 했다. 모두 선친의 영향이다"고 말했다.

## 선친의 뜻 잇고자 책 집필 나서

김종수 회장은 수영 향토사에 관한 책을 쓰는 것으로 선친의 뜻을 잇고자 했다. "애초 책 제목에 '수영 25 의용(단)'을 넣고 내용 또한 그 중심으로 전개할 구상을 했습니다. 그런데 평소 교류하던 동길산 시인이 '수영 25 의용의 공적을 국가가 공인한 기록으로, 이안눌 동래부사가 쓴 '정방록(旌榜錄)' 자체가 중요하니 그걸 찾아보라'고 말해주 더군요. 동 시인은 수영구가 내는 신문에 10년 가까이 글을 쓰고 있어 수영 역사와 문화에 해박한 분이죠."

김 회장은 "1592~1598년 벌어진 임진왜란·정유재란 내내 왜적에 대항했던 분들이 수영 의용 25인(하급 군관 또는 평범한 백성이었다)이고 그 공적을 기록한 것이 '정방록'이라고 설명했다. 한시(漢詩) 4300여 편을 남긴 탁월한 문인이자 백성을 잘 보살핀 빼어난 목민관인 이안눌(1571~1637)이 동래부사로 있던 1608년 수영 주민의 청원을 받아 조사한 뒤 '정방록'을 썼다. 이를 둘러싼 상황 전반은 1853년 수영 25 의용단을 조성하면서 경상좌수사 장인식이 지은 '의용제인비(義勇諸人碑)'에도 잘 정돈돼 있어 일부를 인용한다.

"… 난리가 끝난 뒤 동악(東岳) 이안눌 공이 부사로 와서 백성의 탄원서에 따라 25인의 행적과 7년 동안 육지와 바다에서 전투한 행적을 탐문하고 의용(義勇) 두 글자를 여러 집 대문에 걸게 하며 '정방록'에 먼저 기록하였다. 이때는 살아남은 사람이 몇 있었으니 반드시 상세하게 조사했을 것이다. 그 뒤 오한원 공이 부역을 면제해줌으로써 포상하고 글을 지어 표창하였다. … 이 25명은 먼 변방의 군교(軍校)로서 죽음으로 나라에 보답할 것을 맹세하였고 …."

## 파묻혔던 '김가정방록' 재발견

"수영 25 의용 자료를 많이 접할수록 '정방록' 언급도 늘어났는데, 정작 '정방록' 자체를 찾을 수 없어 힘들었다"고 김 회장은 떠올렸다. "'정방록'이 침략자인 일본군에 항거해 투쟁한 기록을 담은 만큼 일제강점기 때 일제에 의해 멸실된 게 아닌가 하는 데 생각이 미쳤고, 괴로웠다"고 그는 말했다. 어쨌든 부산시 디지털 부산역사문화대전 등에는 '글(정방록)은 남아 있지 않고, 있었다는 기록만 전한다'고 돼 있고, 한국학 관련 사료를 뒤져도 '정방록'은 안 나왔다.

지난해 9월께 김 회장이 말하는 '첫 번째 기적'이 왔다. "'정방록' 자체를 찾아보라는 동길산 시인의 권유가 뇌리를 떠나지 않았으나 찾지 못하고 책을 쓰기 시작했습니다. 선친께서 각별하게 여기신 수영의용충혼숭모회 관련 기록을 보던 중 짚이는 데가 있어, 1986년 부산 남구청(당시 수영은 남구에 속했다)이 펴낸 '남구향토지'를 찾아보니 독립지사 이태길 선생(당시 동천고 교장)이 번역한 '정방록'이 들어있는 것 아니겠습니까?"

'남구향토지'에는 이 '정방록'을 구성하는 '유향소위핵보사'(유향소에서 조사해 보고한 기록), 이안눌 동래부사가 쓴 '김가정방록-도호부위정방사(김옥계 의용의 집안에 대한 동래도호부의 표창기록)가 실려 있다. 또 1806년 동래도호부사 오한원이 수영 25 의용의 후손에게 원호를 제공한 뜻과 내역을 담은 '도호부위완호사'도 포함됐다. 1980년대 중반 '남구향토지'에 실렸던 것을 '재발견'한 것이지만, 이 향토사 기록 자체가 그간 사실상 파묻혀 있었기에 그 의미는 뚜렷하다.

## 최막내 의용 후손 최도선 씨

그즈음 김 회장은 수영 25 의용 가운데 한 분인 최막내(崔莫乃) 어른의 15세손 최도선(72) 씨를 만나게 된다. 부산 연제구 연산동에 사는 최 씨는 이렇게 회고했다. "족보를 통해 최막내 할아버지께서 임진왜란 때 왜적과 싸워 공을 세우신 분이란 것을 알고 있었습니다. 조선 시대 충렬사에서 향사를 열 때 의용의 후손에게 보낸 초청장, 고종의 칙서 등 관련 유물도 있지요."

2000년대 초 최도선 씨 아들이 학교에 다녀와 말했다. "아버지, 우리 집안에 위인이 계신지 알아보라는 숙제를 받았습니다." 최 씨는 "그럼! 계시지"라고 말하고는 아들 손을 잡고 최막내 의용을 모신 수영사적공원 25 의용단을 비롯해 충렬사 등지를 다녔다. 그런 인연으로 김 회장과 연락이 닿았다. 최 씨는 김 회장에게 참고가 될지 모르겠다며 족보(가문에 전해지던 것을 1970년 한문으로 다시 정리한 것) 일부의 복사본을 건넸다. 김 회장은 "놀랍게도 그 속에 '최가정방록'이 있었다"며 그때의 흥분을 떠올렸다. 최 씨는 "최막내 할아버지 묘소 등과 관련한 기록은 인지했지만 '정방록'은 채

몰랐다"고 떠올렸다. 김 회장은 "큰 복이고 천운이었다"고 했다. 그렇게 '최가정방록'도 묻혀 있다 세상에 나왔다.

## 되새기고 가꿀 역사문화 자산

위에 언급한 '김가정방록'과 '최가정방록'은 내용이 같다. 받는 사람 이름이 김옥계·최막내로 다를 뿐이다. '정방록' 내용은 대략 이러하다. "이곳 수영은 멀리 바다 한 귀퉁이에 있는데 지난 임진년 영내의 백성이 왜적의 수중에 함몰되어 … 이에 '의용' 두 글자를 새겨 25인의 집 대문 위에 달게 하라. 호역(戶役)을 면제하고 공적에 따라 상을 내리는 일은 마땅히 순찰사에 보고하여 시행하겠으니 그대들은 잘 알고 그대들의 절의를 더욱 힘쓰면서 길이 영광을 받을지어다."

25 의용은 김옥계 정인강 최송업 최수만 박지수 김팽량 박응복 심남 이은춘 정수원 박림 신복 이수 이희복 최한련 최한손 최막내 최끝량 김달망 김덕봉 이실정 김허롱 주난금 김종수 김진옥이다. 김 회장은 "부산이 가꿔야 할 소중한 역사문화 자산"이라고 강조했다.

# 임진왜란 때 '수영 25의용' 활약상 담은 '정방록' 찾았다

- 국제신문 2021년 3월 3일 2면

1592년 왜군이 쳐들어와 임진왜란을 일으켰을 때, 경상좌수영이 있던 지금의 부산 수영구 일대가 일찍 함락된다. 경상좌수사 박홍이 개전 직후 전황이 극히 불리해지자 수영성과 함대를 버리고 전선에서 이탈한 뒤 전쟁 기간 7년 내내 수영은 일본군 수중에 떨어진 상태였다.

'수영 25 의용'은 그런 상황에서 압도적 전력의 왜적에 맞서 군사적 저항 투쟁을 펼친 수영의 백성 25인을 일컫는다. 수영 25 의용의 공적을 조선 조정이 정식으로 높이 평가하고, 그 활약과 헌신을 기려 후손들에게 전한 '정방록(旌榜錄)'의 실체를 담은 사료가 잇따라 발굴됐다. 부산 임진왜란사, 부산 향토사에서 매우 중요한 역사 자산인데도 좀체 관심이 확산되지 못한 수영 25 의용을 재조명하고 활용할 중요한 계기가 될 것으로 기대된다.

정방록은 왜란이 끝나고 10년 뒤인 1608년(광해군 즉위년) 뛰어난 문인이던 이안눌 동래부사가 주민의 청원을 받아들여 엄밀히 조사한 뒤 쓰기 시작해 이듬해 펴냈다. 일종의 국가 공인 공적 조서이다. 이를 바탕으로 후손의 호역(戶役)을 면제하고 상을 주는 조처도 뒤따른다.

김종수(72) 민주평화통일자문회의 부산수영구협의회장은 "부산 수영구 향토사를 재발견·재조명하는 책을 집필하는 과정에서 '정방록'의 중요성을 알게 됐으나 찾을 수 없었다"며 "부산시 디지털 부산역사문화대전에도 '정방록은 찾을 수가 없고 기록상으로만 전한다'고 나온다"며 고충을 설명했다. '기록상으로만 전한다'는 설명이 현재 역사학계의 정설인 셈이다.

'정방록'을 찾아 헤매던 김 회장에게 지난해 9월 놀라운 일이 일어났다. "수영의용충혼숭모회의 일지 등을 검토하다 알아낸 단서를 바탕으로 1986년 부산 남구청(수영구는 1995년 생긴다)이 펴낸 '남구향토지'에 독립운동가 이태길 선생이 번역한 '김가정방록'이 실려있음을 확인했다"고 그는 말했다. 이는 수영 25 의용 가운데 김옥계 의용의 집안에 내려진 '정방록'이었다. 김 회장은 "이어 놀랍게도 같은 달 말 수영 25 의용

25의용을 모신 의용사에서 국제신문 조봉권 기자와 인터뷰하는 저자.

의 한 분인 최막내 어른의 15세손 최도선(72·부산 연제구 연산동) 씨가 보관하는 전주 최씨 족보에서 '최가정방록(崔家旌榜錄)'을 찾아냈다"고 밝혔다.

그는 "원본 그 자체는 아니지만 '정방록' 실체를 찾았다. 오는 4월 출간할 저의 책 '정방록을 찾다 – 25 의용·독당·수영성'(도서출판 비온후)에 상세한 내용을 싣고, 이를 역사문화 자산이자 스토리텔링 자원으로 활용할 방법을 찾고 싶다"고 말했다.

– 국제신문 조봉권 선임기자

# 전국의
## 수영水營
### '자매결연' 하자

선친은 수영본동 토박이였다. 살아생전 토박이란 자부심이 대단했다. 토박이란
자부심은 수영이 조선시대 국경을 지키던 군사도시라는 데서 비롯했다. 그랬다.
수영은 조선시대 수군이 주둔하던 군사 요충지였다. 지금도 그렇지만 부산은 일
본과 맞댄 국경이었다. 호시탐탐 국경을 넘보는 일본의 일거수일투족을 탐지하
며 부산을 지키고 나라를 지킨 충절의 도시가 수영이었다.

수영이란 지명 역시 군사용어였다. 수군절도사영을 줄여 수영(水營)이라 했다.
조선시대는 오늘날 해군에 해당하는 수군의 주둔지를 수영이라 했고 육군의 주
둔지를 병영(兵營)이라 했다. 그래서 전국 곳곳에 수영이 있었고 전국 곳곳에 병
영이 있었다. 인터넷에서 수영과 병영을 검색하면 그러한 사실을 단번에 알 수
있다.

수영은 조선팔도 모두에 있었다. 하삼도(下三道)라 해서 경상도와 전라도, 충청
도에 있었고 경기도, 강원도, 황해도, 평안도, 함경도 등 조선팔도 모든 도에 다

> ❝
> 조선시대 팔도에 수영이 있어
> 부산 수영만 유일하게 이름이 남아
> 뿌리가 같은 전국의 수영이 결연해야
> ❞

있었다. 다른 도는 수영이 한 군데였지만 경상도와 전라도 양도는 두 군데였다. 조선은 중국과 대체로 우호적인 관계인 반면 일본과는 늘 긴장 관계였다. 일본과 가까운 양도에 두 군데 수영을 둔 이유였다.

경상도 두 군데 수영은 부산 수영구와 경남 통영시에 두었다. 수영이 군사용어이 듯 통영 또한 군사용어다. 수군통제사영을 줄인 말이 통영(統營)이다. 부산 수영 과 경남 통영은 낙동강을 가운데 두고 경상도 이쪽저쪽을 방어했다. 수영은 낙 동강에서 경북 끄트머리까지, 통영은 낙동강에서 섬진강까지 맡았다. 일본과 거 리를 따지면 통영보다 수영이 군사적으로 훨씬 중요했다.

군사적 중요성이 대단했으므로 조선시대 수영은 어마어마했다. 지금의 지자체 수준이 아니었다. '내영지(萊營誌)'에서 그것을 엿볼 수 있다. 내영은 동래 수영 을 줄인 말로 수군이 주둔하던 수영성에서 1850년 발행한 수영 백서다. 여기에 수영이 맡은 지역이 상세하게 나온다. 다음과 같다. 부산진, 다대포, 기장 두모포, 서생포, 울산 개운포, 염포, 경주 감포, 장기 포이포, 흥해, 영덕, 영해.

맡은 지역 면면을 보면 수영은 단순한 군부대가 아니었다. 이른바 본영(本營)이 었다. 낙동강에서 경북까지 아우르는 군사 요충지면서 이 일대 정치와 경제, 사 회, 문화의 중심지였다. 18세기 중엽에 이르러 관할 지역이 울산 앞바다까지로 좁 혀들긴 했지만 그것만으로도 대단했다. 조선시대 수영은 지금 수준의 자치구가 아니라 '어마무시'한 초광역 군사 대도시였다.

조선시대 수영이 있던 곳은 어디 어디일까. 이북 지역을 제외하면 부산을 포함한 경상도와 전라도는 각 두 군데, 나머지 충청도, 경기도, 강원도는 하나씩 있었으므로 모두 일곱 군데였다. 수영과 통영, 여수, 해남, 보령, 강화, 원주가 거기였다. 강원도 원주는 육군과 수군, 즉 병영과 수영을 겸했다. 이들 도시 지명은 제각각 분화했지만 원뿌리는 수영이었다. 원뿌리를 지금도 날것 그대로 간직하는 데가 우리 부산 수영이다.

수영 토박이는 대부분 선친처럼 자부심이 대단하다. 뿌리 의식 역시 남다르다. 다른 지역 수영 사람도 그러리라 생각한다. 지역을 지키고 조선을 지킨 도시라는 자부심은 여기와 거기가 다르지 않다고 믿는다. 이러한 자부심을 바탕으로, 이러한 뿌리 의식을 바탕으로 전국의 수영이 '자매결연'할 것을 제안한

📄 기고

김종수
민주평통자문회의
부산수영구협의회장

# 전국의 수영(水營) '자매결연' 하자

선친은 수영본동 토박이였다. 살아생전 토박이란 자부심이 대단했다. 토박이란 자부심은 수영이 조선 시대 국경을 지키던 군사도시라는 데서 비롯했다. 그랬다. 수영은 조선 시대 수군이 주둔하던 군사 요충지였다.

지금도 그렇지만 부산은 일본과 맞댄 국경이었다. 호시탐탐 국경을 넘보는 일본의 일거수일투족을 탐지하며 부산을 지키고 나라를 지킨 충절의 도시가 수영이었다.

수영이란 지명 역시 군사용어였다. 수군절도사영을 줄여 수영(水營)이라 했다. 조선 시대는 오늘날 해군에 해당하는 수군의 주둔지를 수영이라 했고 육군의 주둔지를 병영(兵營)이

라 했다. 그래서 전국 곳곳에 수영이 있었고 전국 곳곳에 병영이 있었다. 인터넷에서 수영과 병영을 검색하면 그러한 사실을 단번에 알 수 있다.

수영은 조선팔도 모두에 있었다. 하삼도(下三道)라 해서 경상도와 전라도, 충청도에 있었고 경기도, 강원도, 황해도, 평안도, 함경도에 모두 다 있었다.

다른 도는 수영이 한 군데였지만 경상도와 전라도 양도는 두 군데였다. 조선은 중국과 대체로 우호적인 관계인 반면 일본과는 늘 긴장 관계였다. 일본과 가까운 양도에 두 군데 수영을 둔 이유였다.

경상도 두 군데 수영은 부산 수영구와 경남 통영시에 두었다. 수영이 군사용어이듯 통영 또한 군사용어다. 수군통제사영을 줄인 말이 통영(統營)이다.

부산 수영과 경남 통영은 낙동강을 가운데 두고 경상도 이쪽저쪽을 방어했다. 수영은 낙동강에서 경북 끄트머리까지, 통영은 낙동강에서 섬진강까지 맡았다. 일본과 거리를 따지면

통영보다 수영이 군사적으로 훨씬 중요했다.

군사적 중요성이 대단했으므로 조선 시대 영은 어마어마했다. 지금의 지자체 수준이 아니었다. '내영지(萊營誌)'에서 그것을 엿볼 수 있다. 내영은 동래 수영을 줄인 말로 수군이 주둔하던 수영성에서 1850년 발행한 수영 백서다.

여기에 수영이 맡은 지역이 상세하게 나온다. 다음과 같다. 부산진, 다대포, 기장 두모포, 서생포, 울산 개운포, 염포, 경주 감포, 기포이포, 흥해, 영덕, 영해.

맡은 지역 면면을 보면 수영은 단순한 군부대가 아니었다. 이른바 본영(本營)이었다. 낙동강에서 경북까지 아우르는 군사 요충지면서 일대 정치와 경제, 사회, 문화의 중심지였다.

18세기 중엽에 이르러 관할 지역이 울산 바다까지 좁혀들긴 했지만 그것만으로도 대단했다. 조선 시대 수영은 지금 수준의 자치가 아니라 '어마어마'한 초광역 군사 대도시였다.

조선 시대 수영이 있던 곳은 어디 어디일까. 이북 지역을 제외하면 부산을 포함한 경상도

다. 전국 단위가 어렵다면 경상도와 전라도, 충청도의 하삼도라도 마음을 한데 모았으면 한다. 일본의 작태가 곧잘 사회적 문제가 되고 민족적 공분을 일으키는 상황에서 하삼도 수영이 마음을 한데 모아서 반일을 넘어 극일의 길로 나아갔으면 한다.

전라도는 각 두 군데, 나머지 충청도, 경기도, 강원도는 하나씩 있었으므로 모두 일곱 군데였다.

수영과 통영, 여수, 해남, 보령, 강화, 원주가 거기였다. 강원도 원주는 육군과 수군, 즉 병영과 수영을 겸했다. 이들 도시 지명은 제각각 분화했지만 원뿌리는 수영이었다. 원뿌리를 지금도 날것 그대로 간직하는 데가 우리 부산 수영이다.

수영 토박이는 대부분 선친처럼 자부심이 대단하다. 뿌리 의식 역시 남다르다. 다른 지역 수영 사람도 그러리라 생각한다. 지역을 지키고 조선을 지킨 도시라는 자부심은 여기와 거기가 다르지 않다고 믿는다. 이러한 자부심을 바탕으로, 이러한 뿌리 의식을 바탕으로 전국의 수영이 '자매결연'할 것을 제안한다.

전국 단위가 어렵다면 경상도와 전라도, 충청도의 하삼도라도 마음을 한데 모았으면 한다. 일본의 작태가 곧잘 사회적 문제가 되고 민족적 공분을 일으키는 상황에서 하삼도 수영이 마음을 한데 모아서 반일을 넘어 극일의 길로 나아갔으면 한다.

2020년 12월 25일 부산일보에 실린 저자의 기고문.
조선시대 전국 각처에 있던 수영이 자매결연하자는 내용이다.

# 수영과
# 박홍

박홍(朴泓, 1534~1593)은 임진왜란 때 사람이다. 왜란이 일어나던 그 해 수영에 주둔하던 해군사령부의 사령관을 지냈다. 당시 직책으론 경상좌수영 수군절도사였다. 절도사 임기는 2년이었으나 '성곽이 높고 연못이 깊으며 병기가 견고하고 날카로운' 공로를 인정받아 1년 더 유임했다. 그러다가 왜란을 맞았다.

그런데도 박홍은 수영 흑역사의 한 부분이다. 수영의 흑역사가 된 데는 임진왜란이 결정적으로 작용했다. 왜란이 일어나자 '판옥선 40척을 구멍 내 침몰시키고, 식량 창고에 불을 지른 뒤 도망쳤다'는 꼬리표가 살아생전은 물론 사후에도 따라다녔다. 영의정을 지냈던 류성룡이 왜란이 끝나고 집필한 <징비록>의 다음 구절은 박홍에게는 뼛속까지 스며드는 주홍글씨였다.

경상좌수사 박홍은 왜적의 형세가 대단한 것을 보고는 감히 군사를 내어 싸우지도 못하고 성을 버리고 도망하였다.

그러나 박홍은 '성을 버리고 도망갔다'는 그간의 평가와는 달리 수군 지휘관으로서 소임을 다했다. 왜군 침략을 알리는 장계를 조정에 가장 먼저 올린 이가 박홍이었으며 주변 제장(諸將)에게도 이를 알렸다. 박홍이 휘하 군함을 폐기처분하고 성을 떠난 것도 박홍을 비난하는 근거이지만 그 또한 후일을 도모하기 위한 전략이었다.

## 임진왜란 명나라 장군도 박홍 옹호

임진왜란 때 명나라 원군을 이끌고 조선에 온 심유경 역시 박홍을 옹호하는 기록을 남겼다. 왜군 방어가 어려웠던 것은 적은 동풍(東風)을 등에 업고 침범하고 아군은 그 반대라서 맞서기 어려웠다는 진단이 그것이다. 조류도 역으로 흘렀다. 돛과 노를 통해 나아갔던 전근대 전함으로선 대규모 적군에 역풍과 역조류는 백전백패의 상황이었다. 왜군은 바람과 조류에 맞추어서 공격 시기를 조절했기에 애초에 승산이 없는 전투였고 박홍은 그것을 간파했던 것이다.

그럼에도 박홍이 '도망친 장수'라는 낙인찍혔던 것은 앞서 말한 <징비록> 기록과 함께 <선조실록>에 실린 김성일의 언급 때문이었다. 시기적으론 김성일의 언급이 <징비록>보다 앞서므로 유성룡은 김성일의 언급을 그대로 따 와 <징비록>에 실었을 공산이 크다.

<선조실록> 1592년 4월 17일 기록에 나오는 김성일의 언급은 이랬다. '좌수사 박홍은 화살 한 개도 쏘지 않고 먼저 성을 버렸다.' 이 한마디가 주홍글씨가 되어 이후 박홍을 따라다녔고 오늘날까지 이어진다.

그러나 김성일이 누군가? 임진왜란이 일어나기 2년 전인 1590년 사절단 부사로 일본에 다녀와서는 같이 갔던 황윤길 정사와는 달리 "도요토미는 두려워할 인물이 못 되며 전쟁은 없을 것입니다."라고 선조에게 그릇된 보고를 했던 이가 김

성일이었다.

당시 조선의 당파는 서인과 동인으로 나뉘었으며 황윤길은 서인, 김성일은 동인이었다. 조정은 입김이 셌던 동인 김성일의 보고를 받아들였다. 이는 이후 조선팔도를 병탄으로 빠뜨렸다. 엄밀히 따지면 온갖 모함을 감수하고서 작전상 후퇴를 감행했던 박홍보다는 그릇된 정세 보고를 하여 조선을 풍전등화로 내몰았던 김성일의 과오가 더 크다고 볼 수 있으며 파당을 지어 반대를 위한 반대를 일삼았던 지도층의 과오는 더욱 컸다.

<수영유사>도 '박홍은 도망자'라는 그릇된 인식에 일조했다. 수영의 향토사학자이자 큰 어른 최한복(1895~1968) 선생이 집필한 이 책은 '매우 중요한 성의 책임자로서 성을 버리고 혼자 살아남은 불충하고 무도한 망명패주(亡命敗走)'라며 박홍을 꾸짖었다. <징비록>과 <수영유사>의 기록이 정설이 되면서 박홍은 수영 사람에게도 주홍글씨로 각인되었다. 그래서 수영에서는 박홍 이름 두 글자 꺼내는 것을 꺼렸고 그 이름이 들리면 내남없이 분개했다.

'도망자 박홍'이었던 만큼 주위의 시선 역시 곱지 않았다. 신지(信地, 좌수영성)를 떠난 것을 소급해 논하여 관작삭탈까지 하는 바람에 백의종군(白衣從軍) 신분이 되었다. 이후 공을 세우면 그것을 참작해 죄를 용서하고 다시 관작을 주었다. 그리고 다시 삭탈하는 일이 무려 세 차례나 반복됐다. 벼슬을 논하는 자들이 제각기 자신이 들은 바를 믿은 바람에 '줬다 빼앗았다'하는 상벌(賞罰)을 되풀이한 것이었다.

## 박홍 사후 그에 대한 평가 확연히 달라져

그런데 박홍이 죽고 난 뒤 중앙의 기류는 확연히 달랐다. 생전에도 비록 수영성을 사수하지 않고서 도망쳤다는 꼬리표는 붙었지만 여러 전투에서 요직을 맡았고 사후 직후 평가도 긍정 일변도였다. 왜란 이듬해인 1593년, 명나라 군대가 평양을 수복한 그해 지병이 심해져 고향의 집을 70리 앞두고 향년 60세로 배에서 세상을 떠나자 전쟁이 끝난 뒤 일등공신으로 책봉하고 병조참판을 추증하였다. 병조참판은 지금으로 치면 국방부 차관이었다. 이후 장남이 공신으로 되자 병조판서, 지금의 국방부 장관으로 추증하였다.

이 대목에서 의문이 생긴다. 도망자에서 장관으로의 반전은 어디서 기인하는 것일까. 어떤 연유로 드라마 같은 반전이 가능했을까? 수영 사람은 박홍 이름만 들어도 분개했지만 그게 다가 아니었다. <징비록>은 박홍을 도망자로 낙인찍었지만 <징비록>이 담아내지 못한, 어떤 면에선 의도적으로 왜곡한 진실이 없었을까?

나는 <징비록>이 진실을 왜곡했을 가능성이 있다고 본다. <징비록>은 왜란이 끝나고 난 뒤 집필해 진실이 가공될 여지는 충분했다. 왜란 와중에 이순신이 쓴 기록과 배치되는 부분이 그것을 증명한다. 이순신은 전쟁의 경과와 결과 등을 상부에 수시로 보고했다. 장계(狀啓)란 이름의 이 보고서는 <이충무공전서>에 65편이 실렸고 <임진장초(壬辰狀草)>에도 실렸다.

<임진장초>는 <난중일기>와 함께 국보 제76호로 등재돼 있다. 국보로 등재될 만큼 신뢰성 높은 이 책은 '경상좌수사 박홍'이 맞닥뜨린 상황을 실시간으로 전한다. 박홍을 둘러싼 사실 내지 진실성은 전쟁이 끝나고 집필한 <징비록>보다 이순신 장계가 더 가깝다는 이야기다. 해당 장계는 다음과 같다. 한 글자 한 글자 이순신의 육음이고 육성이다.

제목: 사변에 대비하는 일을 아뢰는 계본(3)
일자: 만력 20년(1592) 4월 16일 해시

삼가 사변에 대비하는 일을 아룁니다.

4월 15일 유시(酉時, 오후 5시~7시)에 발송되어 오늘 4월 16일 해시(亥時, 오후 9시~11시)에 접수한 경상우도 수군절도사 원균의 공문에

이달 4월 14일 술시(戌時, 오후 7시~9시)에 작성되어 오늘(15일) 신시(申時, 오후 3시~5시)에 접수한 우병사의 공문에 의하면 이달 4월 14일 작성되어 오늘 신시에 접수한 경상좌수사[박홍을 말함]의 장계부본에는, '이 달 14일 묘시(卯時, 오전 5시~7시)에 황령산의 봉수군으로 있는 배돌이(裵乭伊)가 와서 구두로 보고하기를 왜적이 부산포의 우암에서 3개 부대로 진을 치고 있다가 날이 밝을 무렵에 부산포의 성을 포위하고 접전을 하였는데, 포를 쏘는 소리가 하늘을 흔드는 듯하였다고 합니다.' 부산포가 그러하거니와 서평포. 다래포는 이미 길이 막혀 구원병마저 지금으로서는 달려가지 못하니 극히 답답하고 민망합니다. 신은 방략에 따라서 방비를 튼튼히 하여 굳게 지켜서 적을 막아내는 일들을 각별히 조처하고 장계를 올립니다.

라고 하였습니다.

뒤이어 14일 사시(巳時, 9시~11시)에 작성된 그 도[慶尙左道] 수사[박홍]의 통문에는

왜적이 당일 부산포를 포위하고 접전을 하던 상황은 이미 장계를 올렸습니다만, 부산 지방에서는 능히 적을 막아 내지 못하고 이미 성이 함락되었습니다. 왜적은 부산포에서 북으로 5리쯤 되는 당천에 진을 치고 있으며, 선봉에 선 왜인들은 동래에 이르렀다 하는 바, 즉시 장계를 올리고 우수영에서도 차례로 통문을 내었습니다. 그리고 본인은 김해부에서 사변에 대비해야 하기 때문에 당일 이곳에 이르러 연해안의 각 고을 위장과 내지의 각 관원에게 모두 공문을 보내어 군마를 정비하여 사변에 대비했습니다. 귀영에서도 군사와 병선을 정비하여 날로 새로워지는 정세에 대비하였다가 즉시 도둑의 무리를 사로잡을 것이며, 전라도에도 순차적으로 기별하고 전라좌수영에서도 차례로 통문을 내는 것이 좋겠습니다.

라고 하였습니다. 〈이하 생략〉

## 도망친 게 아니라 작전상 후퇴

실제로 박홍은 그냥 도망친 게 아니라 작전상 후퇴였다. 그러한 정황은 그가 작성해서 이순신에게 보고한 통문의 '군마를 정비하여 사변에 대비했다'라는 구절에서도 확인할 수 있다. 다만, 전황을 지켜본 결과 승패가 뻔한 싸움에 전투력을 낭비할 이유가 없다고 판단했을 것이다. 물론 동래부사 송상현처럼 장렬한 전사가 불러일으키는 정신력 극대화도 전쟁 승리의 한 요인이지만 전투력 극대화 역시 전쟁 승리를 위해선 불가결의 요소다. 박홍 묘비에 새겨진 묘갈명(墓碣銘)은 박홍의 도망이 일신을 위한 도망이 아니었음을 분명히 밝힌다.

> 임진년에 왜적이 국력을 기울여 우리나라를 침범하자 공이 해안으로 내려가 맞서 싸우다가 중과부적하여 본진[좌수영성]으로 들어가 수비하고 있었다. 그런데 왜적이 연달아 이웃 고을을 함락한 바람에 구원병의 길이 끊어졌으므로 부득이 편장(偏將)을 파견하여 이 사실을 조정에 보고하고 성안 사람을 먼저 나가게 한 뒤에 자신은 군량과 병기를 챙겨 따라 나가면서 나머지는 모두 불태워 적이 이용하지 못하도록 하였다. 경상도의 방어장(防禦將)과 조방장(助防將) 등과 같이 죽령으로 물러가 수비하고 있다가 조령이 함락되었다는 소식을 듣고 서울로 달려가니, 어가(御駕)가 서쪽으로 떠난 지 이미 여러 날이 되었다. 행재소(行在所)로 달려가다가 도중에서 원수 김명원을 만나 좌위대장에 임명되어 같이 임진[임진강]을 수비하였다. 그리고 병력을 나누어 신할·유극량 등과 같이 파주에서 왜적과 싸우다가 여러 장수들은 모두 패배하여 죽고 공만 혼자 휘하의 병력을 그대로 이끌고 돌아왔다.(…)

부산을 대표했던 소설가이자 향토사학자 최해군(1926~2015)도 같은 의견이었다. 오히려 박홍의 조치를 옹호한다. 조정에 장계를 올려 왜군이 침입한 사실을 맨 처음 알린 것을 근거로 박홍을 추켜세운다. 한마디로 박홍은 도망간 것이 아니며 당시 그가 취할 수 있었던 최선의 조치를 다했다는 논지다. 부산시가 2004년 발간한 <부산을 빛낸 인물-20세기 이전 인물편>에 실린 관련 대목을 인용한다.

경상좌도 수군절도사영이 울산 개운포에서 동래 남촌(지금의 수영)으로 옮겨진 연대(年代)를 <동래영지(東萊營誌)>, <영남진지(嶺南鎭誌)>, <여지도서(輿地圖書)>는 모두 그 연대를 알 수 없다 하고, <울산읍지(蔚山邑誌)>와 <징비록(懲毖錄)>은 선조대라고만 했는데 <증보문헌비고(增補文獻備考)>만이 1592년(선조 25년)이라고 했다.

<증보문헌비고>에 기록된 선조 25년은 4월에 임진왜란이 일어난 해이다. 그래서 사학자 사이에는 임진왜란이 일어난 해에 어찌 좌수영을 옮길 수 있었겠느냐고 한다. 그러나 <증보문헌비고>를 믿는다면 임진왜란이 일어난 4월 이후에는 수영을 이전할 수 없었을 것이니 이전을 했다면 1월에서 3월 사이가 될 것이다. 그렇다면 이전 도중에 임진왜란을 맞은 것이 아닌가 한다.

그런데 <징비록>은 그때의 좌수사 박홍은 왜적의 형세가 대단한 것을 보고 성을 버리고 도망쳤다고 했다. 그러나 <징비록>이 도망쳤다는 박홍은 4월 17일(왜적이 쳐들어 온 것은 13일 오후 5시경) 이른 아침에 왜적 침입의 장계를 조정에 올렸다. 조정이 맨 처음 왜침을 안 것은 박홍의 장계였다.

이러한 사실로 미루어 보아 좌수영의 이전 도중에 임진왜란을 맞은 것으로 여겨진다. 좌수영의 군장(軍長)이 자기 성을 버리고 다른 곳으로 간다는 것은 직무유기에 해당한다. 만일 오늘날의 수영에 좌수영이 완전히 옮겨져 있었다면 박홍이 직무유기를 감수하고 달아날 수 있었을까? 그렇게 도망한 박홍은 평양으로 몽진(蒙塵)하는 선조를 호송하다가 성천(成川)에서 우위대장(右衛大將)이 되고 1593년에 전사했다. ['전사'는 '병사'의 오류다.]

그리고 <징비록>에 박홍이 성을 버렸다고 했는데 수영에 그때 성이 있었을까? 그때의 국내사정으로 보아 성을 먼저 쌓아놓고 좌수영을 옮길 여유는 없는 상황이었다. 좌수영을 옮겨 놓은 뒤 그 성의 인력으로 성을 구축할 수밖에 없었다.

## '조선의 절개' 김상헌이 박홍 묘비문 써

박홍의 묘갈문도 박홍을 옹호한다. 일종의 묘비명인 묘갈명은 죽은 자의 비석에 새기는 글이라서 덕담 수준의 글이 대부분이다. 미화해서 쓰는 게 예사다. 그러나 누가 쓰느냐에 따라서 격이 달라질뿐더러 냉정한 평가가 가해진다. 박홍 묘갈문을 쓴 이는 김상헌(1570~1652)으로 일흔 넘은 고령에 청나라에 두 번이나 인질로 자청한 이력으로 '조선의 절개'로 추앙받는 인물이었다. 그런 인물이 썼기에 공정성과 객관성은 누구도 시비 걸지 않았다. 사실에 입각해서 쓴 대표적인 글이 김상헌의 박홍 묘비명이었다.

사실 내지 진실의 가공은 어느 시대든, 어느 사회든 항용 있는 일이다. 가공은 오해나 몰이해에서도 생기기도 하고 자신의 입지에 따라서도 뒤틀리기도 한다. 어디에 서서 보느냐에 따라 각자의 관점이 달라지고 각자의 평가가 달라지는 것이다.

박홍의 경우에도 가공될 여지는 충분했다. 임진왜란을 전후해서 조선은 당파 경쟁이 기승을 부렸다. 당파 경쟁이 부정적인 면만 있지 않고 정반합의 순기능도 있었지만 그때의 당파는 선을 넘었고 도를 넘었다. 만년 야당 사림파가 180년 만에 정권을 잡자 자리다툼이 벌어지면서 동인과 서인으로 쪼개지는 등 4색 당파의 갈등이 극에 달했다. 국가보다는 당과 가문의 이익이 먼저였고 반대를 위한 반대가 다반사였다.

## 조선시대 당파싸움의 희생자 박홍

그러기에 박홍에 대한 평가도 왜곡될 소지가 컸다. <징비록>의 박홍 기록 역시 그런 측면에서 들여다볼 여지가 있다. '공로를 고려해 죄를 용서하고 관작을 주었다가 곧바로 거두는 일이 세 번이나 반복됐다'는 기록은 박홍이 당파 싸움의 희생자였음을 역설적으로 드러낸다. <선조실록>에 실린 김성일의 '박홍은 화살 하나 쏘지 않고 먼저 성을 버렸다'라는 보고서도 그 진정성에 일단은 의문을 가져봐야 한다. 김성일 자신이 왜란을 초래한 한 장본인이었기에 제삼의 희생양이 필요했을지도 모른다.

<국조인물고(國朝人物考)>의 언급은 그런 측면에서 유의미하다. <국조인물고>는 조선 정조 때 편찬한 책으로 건국부터 숙종 재임 때까지 주요 인물을 평가했다. 여기에 박홍이 나온다. 숙종은 1674년부터 1720년까지 재위했다. 임진왜란 100년 후다. 그때 <국조인물고>가 나왔으니 소속 정파나 자신이 처한 입지에 따른 주관적 평가가 아닌 역사적 거리를 유지한 객관적 평가가 가능했다고 본다. 박홍에 대한 평가를 간추리면 다음과 같다.

> 박홍은 군사 행정가로는 훌륭했으나 군사 지휘관으론 미흡했다. 부산진성의 함락에 대한 장계를 보내고 병력과 장비를 챙긴 뒤, 챙기지 못한 장비는 불태워 좌수영 책임자로서 맡은 소임은 하였으나 해안가에서 싸우다가 본진으로 후퇴하는 등 전투나 작전에는 부족했다.

<징비록>과 <선조실록>은 부정 일변도였지만 <국조인물고>는 '부족했을망정 싸우다가 후퇴했다'고 언급한다. 평가가 확연히 다르다. <징비록>의 저자 류성룡, <선조실록>의 김성일은 박홍과 당파가 달랐을까? 만에 하나 당파가 달라서 진실이 왜곡됐다면 이는 그 시대 박홍의 불운이자 그동안 그것이 진실이라고 철석같이 믿었던 이 시대 우리의 불운이다.

## 김성일과 유성룡의 남다른 관계

이와 관련해 짚고 넘어가야 할 게 있다. '좌수사 박홍은 화살 한 개도 쏘지 않고 먼저 성을 버렸다'는 언급을 <선조실록>에 남긴 김성일과 그의 언급을 <징비록> 에 그대로 인용한 유성룡의 관계다. 어떤 관계이기에 두 사람은 이순신을 비롯한 당대, 그리고 후대의 평가와 전혀 다른 기록을 남겼을까.

김성일(1538~1593)과 유성룡(1542~1607)은 남다른 관계였다. 둘 다 경북 안동 사람이었으며 서인과 동인으로 갈라진 조선의 당파에서 같은 동인이었다. 무엇 보다 퇴계 이황의 제자였다. 현대사회도 같은 학교를 나온 동문은 결속력이 끈 끈하지만 조선시대는 집안과 동격으로 여긴 대상이 동문수학(同門修學)이었다. 두 사람 사후인 1620년 퇴계 이황의 위패를 모신 호계서원 사당에 두 사람 중 누구의 위패를 윗자리인 퇴계 왼쪽에 두는지를 놓고 갈라지기 전까지 결속은 유 지됐으며 그러한 결속의 한 피해자가 박홍일 가능성이 높다.

수영과 박홍. 박홍과 수영. 박홍을 굳이 미화할 생각은 없다. 그때의 일을 지금의 기준으로 보는 건 온당하지 않다. 그러나 우리 수영을 거쳐 간 인물에 대한 평가, 그리고 이면의 진실만큼은 제대로 내리고 제대로 봐야 한다고 믿는다. 앞만 보 고 뒤는 보지 않았는지, 겉만 보고 속은 보지 않았는지 찬찬히 짚어보는 일은 지 금 수영에 사는 우리의 몫이다. 만에 하나, 진실이 이리 뒤틀리고 저리 뒤틀려서 가공되고 왜곡됐다면 지금 우리라도 바로잡아야 한다. 우리가 사는 이 수영이 진실과 다르게 천년만년 도망자의 도시로 낙인찍혀서야 쓰겠는가.

# 임진왜란과
# 수영

1592년 발발한 임진왜란은 정유재란까지 합치면 모두 7년에 걸쳐 벌어졌다. 그래서 '7년 전쟁'이라고도 한다. 이 7년 동안 수영은 어떤 모습이었을까. 왜군에 함락된 해군 군사도시로서 일말의 저항도 하지 않은 채 왜의 눈치만 봤을까.

그건 전혀 아니었다. 오히려 정반대였다. 수영은 군사도시로서 군인은 물론 가족과 일반 백성까지 군인정신 내지는 반골기질로 똘똘 뭉쳐 있었기에 25의용처럼 결사항전을 선서하며 저항하며 왜의 간담을 얼어붙게 했다.

따지고 보면 임진왜란이 일어나던 그때 수영의 최고 지휘관이던 박홍 좌수사는 성을 버리고 달아난 게 아니었다. 이순신 장군의 행적·일화·인품·전언(傳言) 등을 망라하여 1795년에 간행한 이순신 유고집 <이충무공전서>에 실린 박홍의 임진왜란 첫 전투 보고서에서도 그의 비상한 임전태세를 엿볼 수 있다. <이 책 122쪽 '수영과 박홍' 참조>

수영이 관할하던 지역, 예컨대 낙동강에서 경북의 민관군은 왜란 내내 반격의 기회를 호시탐탐 노렸다. 수적으로 절대적인 열세인 상황에서도 왜군의 빈틈을 파고들었다. 수영 주둔 왜군이 타지 전투에 지원나간 틈을 노려 50여 왜군의 수급(首級, 적군의 목)을 거두기도 했으며 1593년 6월 하순 벌어진 제2차 진주성 전투에 참전하려고 왜군 9만여 명이 주둔지를 비운 사이에 몇 차례 교전을 통해 전과를 거두었다.

이에 기장에 머물던 왜군은 아군에게 섬멸됐으며 울산 태화에 머물던 적들은 퇴각하려고 막사를 불태웠고 황산(양산 일대) 등지에는 적이 날로 희소(稀疎)해진다는 보고서가 조정에 올라가기도 했다.

이러한 보고를 접한 조정은 이에 맞춘 전략을 세웠다. 수영을 비롯한 경상좌도에 주둔하는 왜군이 진지를 비울 때 공격하자는 계획이었다. 그러면서 선조 임금 명의로 명나라에 다음과 같이 지원을 당부하는 공문을 보냈다. 공문은 <선조실록> 제40권 선조 26년(1593년) 7월 12일 기록에 실렸다.

> 부산 등지의 연해(沿海)에 있는 적들의 소굴에는 잔류해 있는 왜적이 적을 것이며 초계(哨戒, 감시) 또한 허술할 것입니다. 게다가 개방(蓋房, 건물)에 곡식을 쌓아놓고 시장을 열어 물화를 매매하고 있으니 저들의 허술한 틈을 타서 화공(火攻)하기에는 지금이 바로 적기입니다. 지금 동변(東邊)에 있는 여러 왜적이 섬멸을 당하여 이 일대의 군현(郡縣)이 점차 수복되고 있으니 만약 정예군을 선발하여 잔류해 있는 왜적이 많지 않은 틈을 타서 앞서 말한 지방을 무찔러 저들의 영채(營寨, 군대 주둔지)와 군수품을 불태우고…

부산 수영의 25의용도 왜적을 수시로 공격했다. 임란 당시 25의용의 활약상은 부산시가 2004년 펴낸 <부산을 빛낸 인물 - 20세기 이전 인물편>에 상세하게 나온다. 가령, 다음과 같은 대목이다. 집필자는 소설가이자 향토사학자 최해군(1926~2015) 선생이다.

수영(오늘날의 수영구 전역에 해당함)을 중심으로 한 동래(부산)의 스물다섯 젊은이는 죽음으로 내 강토 지키기를 다짐했다. 이 스물다섯 젊은이가 수영 25의용(義勇)이다. 이 지역의 지리 지세에 소상한 지역 의병이었다. 효과적 토벌을 위해 스물다섯 사람은 군사체제로 조직되었다. 그렇다고 일시적 토벌로 끝날 문제가 아니었다. 계속 상륙하고 북상하는 왜군의 동태로 보아서는 장기전 전법이 되어야 했다.

작전계획은 주도면밀하게 이루어져 갔다. 바람길을 이용하여 바닷가에 매어 둔 적선의 닻줄을 밤을 타서 끊어 바람길 따라 배가 떠내려가게 하고, 횃불을 적의 주둔지에 던져 솟아오르는 불길에 우왕좌왕하는 적을 창으로 찌르고 몽둥이로 쳤다.

그러한 전법은 혼자가 감행할 수도 있고 몇몇의 힘으로 치를 수도 있고 전원의 합동 토벌일 수도 있었다. 의병이 밀어닥칠 거란 허위정보를 보내 출동하는 왜군을 잠복한 25의용이 협공을 가하기도 하고, 25의용이 주둔군을 산으로 유인해서 산 위에 준비해둔 바윗돌을 굴려 적군을 쓰러뜨렸다. 상륙하는 적군에게는 협곡으로 길을 열어 주었다가 화살로 협공을 가했다.

임진왜란 7년 동안 수영의 상황은 어땠을까? 1592년 왜군에 함락된 이후 조선 수군이 주둔하던 경상좌수영, 곧 오늘의 부산 수영은 존재 자체가 사라졌을까? 그건 아니다. 비록 임란 초기 점령당하고 쑥대밭이 됐을망정 임란 내내 수영은 명맥을 이어 갔다. 이어 갔을 뿐만 아니라 바다 대신 내륙에서 육전을 벌였다. 조정에서도 경상좌수영 최고 지휘관인 좌수사를 임명해 독전(督戰)했다.

앞에 언급한 <부산을 빛낸 인물 - 20세기 이전 인물편>에는 임진왜란 기간 신규 임명된 좌수사를 25의용이 영접하는 장면도 나온다. 25의용이 정식 직제도 아니고 정규군도 아니지만 그들의 존재는 정부에서도 알고 있었고 인정했다는 방증이다. 그럼에도 전쟁 이후 10년이나 잊혀진 것은 정식 직제도 아니고 정규군도 아닌 25의용을 정부 차원에서 인정하기가 쉽지 않았을 것이다. 오죽했으면 1850

년 발간한 경상좌수영의 백서 <내영지(萊營誌)> 서문에 이형하가 이런 글을 남겼을까. '25의용의 공적이 수백 년 동안 묻힌 채 알려지지 않은 것이 통탄하다.'

정규군이 모두 흩어지고 없다 해도 경상좌도 수군절도사영이란 군제(軍制)는 존재해 있었고 군의 수장(首長)인 좌수사(左水使)는 계속 임명되고 있었다. 좌수사가 임명되었다는 소식이 전해지면 25의용은 임명된 좌수사의 거처까지 찾아가서 맞이하였고 그 도중에서 적을 맞아 싸우기도 했다. 1593년 3월경에도 신임 좌수사를 장기(長鬐)에서 모셔오면서 수륙으로 적을 쳤다. – 〈부산을 빛낸 인물 – 20세기 이전 인물편〉 87쪽

위 인용 구절은 임진왜란 와중에 신규 임명된 좌수사를 25의용이 영접하는 장면이다. 임진왜란 와중에도 좌수사는 공백 없이 도임했다. 박홍 이후 첫 경상좌수사는 이유의(李由義)였다. 그는 임란 첫해 9월 1일 임명됐다. 그는 수영의 본영 수군이 이미 흩어진데다가 부산으로 부임할 수 없었기에 안동과 의성, 의흥 등지에 머물면서 육전에 전념했다. 1593년 4월에는 이수일(李守一)이 직을 이었다. 1596년 4월 이운룡(李雲龍) 좌수사가 도임할 때까지 근무했다. 이운룡 좌수사는 경상좌수사를 두 차례 지냈다. 1596년 4월부터 1600년 12월까지, 1601년 7월부터 1602년 11월까지였다. 이운룡 좌수사는 임진왜란 종전의 역사적 장면을 지켜봤다.

경북 장기현감과 밀양부사를 거친 이수일 좌수사는 장기의 포이진에 진을 치고 군함을 다수 건조하는 등 수군 전투력 확보에 만전을 기했다. 경상좌수군이 도포와 감포 등지에 주둔하며 적선 4척을 나포하는 전과를 올리기도 했다. 이러한 전과는 수영이 유명무실하다는 일반의 예상을 뛰어넘는 대단한 결실이었다. <선조실록> 제40권 선조 26년(1593년) 7월 24일 기록은 적선 4척 나포의 감동 실화다.

경상좌수사 이수일이 적선 4척을 나포하였구나. 좌수영에서 이런 승첩(勝捷)의 소식이 있으리라곤 생각지 못하였다. 매우 가상하다. … 수일이 왜적의 화약을 노획하여 쏘는 것을 익히다가 실화하여 수일 등 10여 인이 부상하였다고 하니 약을 아울러 내려 보내라.

경상좌수사 이수일은 6월 8일에도 전과를 올렸다. 경상좌병사 권응수와 함께 울산 서문 바깥 4~5리 거리에 포진하던 왜적과 다섯 차례 접전을 벌여 적의 군막을 태우고 적병 50여 명을 사살했으며, 수많은 왜적에게 부상을 입히는 전공을 거두었다. 이수일 뒤를 이어서 웅천현감과 동래부사를 거친 이운룡이 좌수사로 부임했다. 그는 왜란이 끝날 때까지 경상좌도의 수군을 총지휘하였다.

이와 같이 일반의 예상과는 달리 임진왜란 7년 내내 경상좌수영, 곧 수영의 명맥은 강건하게 이어졌다. 최고 지휘관은 큰 공백 없이 임명돼 전투를 지휘했으며 정규군은 수영 바깥에서, 25의용으로 대변되는 비정규군은 수영 안팎에서 결사항전을 이어 갔다. 왜와 인접한 국경도시로서 전쟁 초기 허무하게 무너졌지만 주어진 여건에서 최선을 다했던 조선의 군대가 경상좌수영이었다.

### 그날의 함성

임진왜란 때 목숨을 걸고 부산을 지켜낸 수영성민 25인을 기려 '25의용단길'에 조성한 토우와 선서바위. '25의용
단길'은 망미골목에서 수영성 길을 따라 이어진다. 선서바위 가운데 도포 차림의 의용은 김옥계다. 25의용의 행
적을 담은 〈정방록〉과 충렬사 신위 맨 앞에 이름이 나온다. 25의용을 진두지휘했던 대표 인물로 추정한다. 임진
왜란이 끝난 직후인 1599년(선조 32) 거행한 무과 과거시험에서 152명 급제자 중에서 15등을 차지했다. 왜군과
의 실전에서 쌓은 기량이 과거시험에서 돋보였을 것이다. 수영사적공원 의용단에 조성한 단비(壇碑) 25기 맨 앞
에 있는 비석의 주인공도 김옥계다.

# 수영기로회

'수영구 기로(耆老)회관' 빌라 건물 모퉁이에 내건 현판 명칭이다. 빌라는 새것이
지만 현판은 오래돼 고색창연하다. 현판을 내건 빌라는 수영동행정복지센터와
수영사적공원 동문 사이에 있다. 그래서 수영팔도시장과 동문을 거쳐 사적공원
으로 가려면 이 빌라를 지나야 하고 그럴 때마다 기로당 현판을 눈여겨본다.
수영구 기로회관은 어떤 곳일까? 어떤 곳이길래 현판이 저리 오래됐을까? 내력
을 모르는 사람이 보면 그저 그런 경로당 가운데 하나이겠지만 내력을 알면 여
기를 지나는 사람 누구라도 현판을 눈여겨볼 것이다. 그러나 현실은 안타깝기
그지없다. 내력을 아는 사람이 별로 없을뿐더러 아는 사람조차 연로해서 서서히
줄어들고 있는 실정이다.
그러한 안타까움은 수영사적공원 25의용단에 이르면 더해진다. 의용단 안내판
에는 수영기로경로당의 전신인 '수영기로회'를 언급하면서도 거기에 대한 어떠한
설명도 없기 때문이다. 안내판에 나오는 수영기로회는 끝에 단 한 줄. 안내판에

넣을 수 있는 설명의 길이에 한계가 있는 것을 인정하지만 만에 하나 수영기로회를 제대로 몰라서 그랬다면 이제라도 짚고 넘어가야 한다. 그런 심정으로 이 글을 쓴다.

수영기로회는 일제강점기 때인 1916년 함께 창립했다. 애초에는 토박이 원로들의 친목단체로 출범했다. 동래기영회, 해운대기로회 등과 부산을 대표하는 기로회 중의 하나였다. 창립 유공자는 김봉갑, 이순우, 김한수, 박진화 4인이었다. 이들이 음으로 양으로 힘을 보태면서 수영기로회는 출범할 수 있었다.

토박이 친목단체로 출범했지만 일제와 대립각을 세우면서 정체성을 확립해 나갔다. 일제가 금한 25의용 제사를 야밤에 지냈고 25의용을 모신 의용단을 관리했다. 25의용은 이 책 여러 군데서 밝혔지만 임진왜란 7년 동안 왜적에 맞선 수영의 의로운 용사 스물다섯 분을 말한다.

수영의 향토사학자 최한복(1895~1968)의 저서 <수영유사>에 25의용단과 제사에 대한 언급이 다음과 같이 나온다. 한자는 한글로 바꾸었으며 표현은 현대적으로 고쳤다.

> 수영산 동, 서, 북. 후 산록(山麓)에 제단을 짓고 이 25의용의 비를 세워서 충혼당이라 명하고 춘추로 제사하니 수영문에서 수사가 주재하다가 파영(罷營) 후에 면에서 면장이 주재하였고 일본인 면장이 부임하고 나서는 수영기로회에서 주재했다.

이 문장을 풀이하면 이렇다. 수영에 조선 수군이 주둔하던 조선시대에는 25의용 제사를 수영 최고사령관인 수사가 제주(祭主)가 되어 지내다가 수군부대가 해체되면서 여기 면장이 제사를 지냈다. 그러다 일제강점기가 되고 일제가 득세하면서 왜군에 맞서 싸운 25의용을 기리는 제사를 못 지내게 하자 수영의 뜻있는 어른들이 기로회를 결성, 당국이 모르게 제사를 이어 왔다.

1853년. 수사가 제주가 돼 첫 제사를 지낸 해다. 그해 경상좌수사 장인식 장군이 25의용을 기리는 의용제인비(義勇諸人碑)를 세우고 단을 쌓아 의용단이라 명했다. 그리고 봄가을 두 차례 공적으로 제사를 지냈다.

수영에 주둔하던 군부대가 해체한 것은 청일전쟁(1894.7~1895.4) 직후였다. 청일전쟁에서 승리한 일본의 집요한 요구에 의해 전국의 군부대가 된서리를 맞으면서 수영 주둔 해군부대인 경상좌수영도 끝내 파영되고 말았다.

당장 25의용 제사가 난관에 봉착했다. 군대가 없어졌으니 제사를 주관할 수사가 없었다. 경상좌수영 공공예산으로 집행하던 향수비(享需費, 제사비용) 역시 중단됐다. 그렇다고 해서 제사를 멈출 수는 없었다. 25의용은 수영의 정신이었고 수영의 자존심이었기 때문이다.

25의용 후손들이 나섰다. 400민동(緡銅, 엣날 엽전)을 구취(鳩聚, 푼푼이 모아 한데 합침)하고 그 이자로 향사를 봉행했다. 그러다 장기적인 안목으로 면역소(面役所, 면사무소, 현 구청)에 향사를 맡겼다. 그때부터 남상면장이 향사를 주재했다. 그때는 수영 일대를 남상면이라고 했다.

일제강점기가 되면서 또 다시 난관에 봉착한다. 일제가 으름장을 놨다. 조선인 면장이 있을 때는 그럭저럭 제사를 모셨고 감시의 눈을 피해 야밤중에 향사를 지내기도 했지만 1928년 결국 손을 놓고 만다. 일본인 면장은 '공사 분망(公私奔忙)타'는 핑계를 대며 향사에서 손을 놓았다.

25의용 후손들이 다시 나섰다. 이들은 25의용 직계 후손이라서 본손(本孫)이라고 했다. 본손들은 밭 6두지(斗地, 밭 6두지는 900평)를 염출하여 기존 논 10두지(논 10두지는 500평)와 함께 위토전답(位土田畓, 제사 봉행 등에 들어갈 식량과 그 비용의 조달 등을 위한 논밭)을 마련한다.

본손들은 향사를 수영의 원로단체인 기로회에 의뢰했다. 이때부터 남면기로회

(현재 수영기로회)가 전담하여 영구히 제단의 수호와 향사를 주재하기로 합의하고 몇 가지를 의결하였다. 결의사항은 다음과 같았다.

- 의용단 춘추향사는 남면기로회에서 담당 봉행할 사(事).
- 유래단(由來壇) 소유 전(田) 10두지(500평) 및 금번 매수한 답(沓) 6두지
  (900평)의 소유권 증서는 본손이 보관한다.
- 전 10두지는 본단(本壇) 수호인의 보수로써 경작케 한다.
- 답 6두지는 본단 수호인에게 소작케 하여 상당한 정세(定稅)를 받아 시판하여
  매년 향사에 필요한 비용에 충당할 사.
- 매년 향수여금(享需餘金)은 기로회에서 특별 처리할 사.
- 본단과 제당이 허물어지면 향사봉행 여금(餘金)으로써 보수한다.
- 만약 흉년일 때는 향사여금 비축금으로써 충당할 사.
  무진(戊辰, 1928년) 9월 21일

다시 강조하지만 1916년 출범한 수영기로회는 친목 도모를 내세웠지만 그건 외부용이었다. 일제가 눈알을 부라리는 바람에 중단될 위기에 처한 25의용 제사를 이어 가기 위해서였다. 주축은 51세 이상의 수영의 어른과 유지였다. 뒤에 만 60세로 바뀌었다. 25의용의 본손(本孫)도 여럿 있었다.

수영기로회 창립 취지가 그런 만큼 회원은 늘어났다. 태평양전쟁이 터지면서 일제의 탄압이 더욱 노골해지면서 기로회 재산을 명확히 해 둘 필요가 대두했다. 그리하여 1942년 수영기로회를 34명 공유지분으로 이전등기하게 된다. 34명 중에는 나의 조부 김봉희도 있다. 등기부에는 현봉으로 돼 있다.

수영기로회의 전신 남면기로회는 기록을 많이 남겼다. 동래기영회, 해운대기로회와 함께 부산을 대표하는 3대 기로회이지만 남긴 기록의 방대함으로만 본다면 남면기로회가 단연 맨 앞이다. 대표적인 문서가 1919년 작성한 기로회 규칙, 1922년 작성한 용산사 규칙, 1936년 매답규칙이다.

그 외에도 남촌동안(1854년), 남촌동안(1678년), 선생안(1900년), 선생안-남상면 부안개정기(1900년), 동중완의 절목(무신년), 대동중신정절목책자(을묘년), 대동중신정절목잡록(병자년), 완문 감제종식법(을유년), 유제도도신윤음(건륭 57년, 1792년), 유중외대소윤음(건륭 47년, 1782년) 등의 문서를 보관하고 있었다. 이들 고문서는 1994년 4월 개편한 수영기로회 회장단에서 그해 8월 부산시립박물관에 기증했다.

참고로, 동래기영회는 동래부에서 퇴임한 관리들이 1846년 결성한 단체였다. 친목을 전제로 했지만 공적인 제사를 담당했고 지역교육에 헌신했다. 송공단과 동래의총, 거사단, 영보단, 관향묘 등의 제사를 담당해 왔다. 동래고와 내성초등, 동래원예고 등의 설립이나 운영을 지원하기도 했다.

광복 후에도 수영기로회는 역할을 다했다. 그러다 1970년대 회원들의 동의나 절차적 정당성 없이 의용단 제향 봉행을 당시 수영고적민속보존회 주관으로 변경하면서 제향기금 예치금과 토지대장, 비품 일체를 보존회로 넘긴 이후 시름시름 앓았다.

호사다마였다. 2000년대 들어서는 수영기로회 건물과 대지를 두고 송사가 벌어졌다. 소유권이전 등기청구사건이 벌어졌는데 전말을 아는 사람으로선 황당한 일이었다. 기로회 재산은 34명이 조합체로 취득한 공동 재산이자 공유재산이었다. 모두의 재산이었기에 누가 특별히 관리하지 않는 허점을 파고든 사람이 있었다. 수영에서 알 만한 사람은 다 아는 사람이라서 다들 분개했다. 그는 허점을 파고들어 소유권을 이전했고 재판에서도 결국 그가 승소했다. 법이 그렇다 하니 받아들이긴 받아들이지만 지금도 도저히 승복하지 못하고 있다. 영원히 그럴 것이다.

지난 일은 지난 일. 비록 있던 자리에서 한참 떨어진 곳에 그나마 수영구청의 지원으로 한 칸 경로당으로 변신했지만 수영기로회의 정신과 취지는 이어져야 한다고 믿는다. 누구보다 이를 잘 아는 수영구청은 2015년 4월 광안2동 이전 동사무소에 경로회관을 조성하면서 회관 명칭을 '수영구 기로회관'으로 정했다. 고마운 일이다.

1919년 5월 작성한 기로회 규칙에 나오는 발기인은 모두 34인. 그해 3월 일어난 기미년 독립운동 33인에 착안한 발기인 숫자였다. 애초 33인으로 하려다 일제에게 탄압의 빌미를 주지 않으려 34인으로 했다는 이야기를 들었다. 수영기로회에는 반일과 극일을 통한 독립의 염원이 담겼던 것이다. 34란 숫자는 수영에 면면히 이어져 오는 민족정신의 발로이며 소리 없는 독립운동, 바로 그것이었다.

기로회 규칙과는 별도로 1922년 작성한 용산사 규칙이 있었다. 용산사(龍山社)는 문화를 매개로 한 친목단체였다. 용산(龍山)은 용두산의 준말로 고려시대 정자 정과정을 품은 언덕이었다. 수영강이 내려다보이는 용두산 동록(東麓, 동쪽 기슭)에 정과정이 있었다. 수영의 문화인들은 1921년 봄 정과정에서 용산사를 결성했다. 한 해 두 차례, 춘삼월과 추구월에 이곳을 노래하며 시가(詩歌)를 읊자는 취지였다. 국경을 지키는 군사의 도시이면서 고려가요 가운데 지은이가 유일하게 알려진 국보급 '정과정곡'의 도시 수영은 고품격 문화가 면면히 이어지던 문화의 도시였다.

'생즉사 사즉생(生卽死死卽生).' 이순신 장군의 말씀이다. 살려고 하면 죽고 죽으려고 하면 산다. 수영기로회에서 모셨던 25의용도 그랬다. 25인이 모여 왜군에 맞서 싸울 것을 다짐하면서 '싸우면 이겨서 살 것이요, 싸우지 않으면 망하리로다'라고 선서했다. 25의용을 되새기고 그들을 혼신으로 모셨던 수영기로회의 후신인 수영기로경로당 고색창연한 현판을 눈여겨보는 일, 오늘을 사는 우리의 몫이 아닐 수 없다.

# 수영
## 상포계

수영구청에서 매달 발행하는 구청 신문 <새수영> 2021년 7월호에 실린 사진이 눈길을 끈다. 1961년 4월 8일 찍은 단체사진으로 거기에 반가운 얼굴이 보인다. 김달봉 어른의 젊을 때 모습이었다. 2011년 돌아가실 때 연세가 96세였으니 살아 계셨으면 100세가 훌쩍 넘는다.

김달봉 어른은 수영 토박이였다. 민속 보존과 문화 계승에 끼친 공헌이 컸다. 수영을 대표하는 전통 민속인 수영야류와 수영농청, 좌수영어방놀이, 지신밟기 등등 수영 민속의 거의 모든 분야에서 일가를 이루었다. 그의 아들 김종열 선생 역시 아버지를 이어서 수영의 민속 사랑을 이어 간다.

김달봉 어른을 이야기할 때 빠뜨릴 수 없는 게 수영 상포계(喪布契)다. 상포계는 한자에서 짐작하듯 마을 어느 집에서 상사(喪事)가 났을 때 공동 부조하려고 만든 마을협동조직이다. 그래서 수영에만 있은 건 아니고 거의 모든 마을에 있었다고 보면 된다. 옛날엔 상(喪)이 나면 돈보단 베[布]가 주로 사용돼 상포계라 했다.

믿거나 말거나 수영구 기네스 ⑫

# 0년전 사진에서 수영의 영웅을 만나다

## 토사랑으로 인간문화재 된 여섯명의 동네친구들

토박이가 많은 수영동. 5대째 이 동네에서 살고 있다는 김종열(72) 씨가 낸 흑백사진 한 장이 눈길을 끌었다. 0대 청년들이 옛 수영초등학교 앞에 깃발을 세워두고 찍은 단체사진이다. '수영동지상포계 창립 5주년 기 4284. 4. 8.' 이라 적혀있는 1951년 찍은 만 70년 된 사진이다.

이름도 낯선 상포계(喪布契)는 수영동 사람들이 동네 초상이나 행사 등이 있을 때 서로 힘을 모아 돕기 위해 만든 모임이다. 사진 주인 김종열 씨는 "어린시절 기억에 동네 두어 곳에 상여집을 마련해 상여를 보관해 두고 초상이 나면 도움을 주었다. 정월에는 지신밟기로 동네를 돌며 안녕을 기원하고 동민의 화합을 이루는 한편 큰일에 쓸 재원마련도 했다"라고 이야기 한다.

### 상조모임에서 전통민속 체계화까지

이 사진의 가치는 무엇일까? 70년이 된 귀한 사진이기 때문일까? 옛 수영초등학교 정문으로 쓰인 수영성 남문 앞에서 찍은 사진이기 때문일까? 그것보다 더 큰 가치는 사진 속 15명의 청년들 중 후일 중요무형문화재로 인정받았던 6명을 만날 수 있다는 점이다.

지신밟기 등으로 동네의 전통을 지켜오던 이들이 수영야류, 좌수영어방놀이 등 사라져가던 수영의 전통을 체계화하고 전승, 보급에 힘쓴 결과 수영의 전통문화에 큰 틀을 마련한 분들이란 점이다. 바로 김달봉(수영야류 영노역), 윤수만(수영야류 꽹과리 상쇠), 조복준(수영야류 장구), 조덕주(수영야류 탈제작), 노영규(수영야류 종가도령), 박남수(좌수영어방놀이)님이다. 지금은 모두 작고하셨다.

특히 김종열 씨의 부친인 김달봉 어르신은 94세의 고령에도 국악방송에 출연해 수영의 전통을 널리 알리셨고 활동 당시 사용했던 탈도 국립무형유산원(전주)에 기증해 전시 중이다. 어르신이 사용했던 80~100년 된 꽹과리도 보여주셨다.

어린 시절, 정초에 지신밟기로 가가호호 돌던 아버지와 동네 아저씨들을 따라다니던 기억이 난다는 김종열 씨. 그래서인지 본인도 수영동에 계속 살며 전통을 계승해 수영지신밟기 보유자 후보로 지정되어 있다. 오늘 사진을 공개하며 어릴적 기억이라 본인이 기억하지 못하는 다른 어른들이 있다면 송구하다는 말씀도 함께 하신다.

오늘 귀한 사진을 보며 어려운 시절에도 화합의 마음을 실천하고 사라져가는 전통을 오늘날까지 이어지게 노력해 주신 점이 너무 감사했다. 나도 현재를 더욱 충실하게 살아 후손에 좋은 유산을 남기고 싶은 소망이 생겼다.

이현진 (명예기자)

---

수영구청 구보 〈새수영〉 2021년 7월호에 실린 '수영 상포계' 소개 기사. 수영 토박이 모임인 수영 상포계는 상호부조하는 가운데 친목을 돈독히 하면서 수영의 전통문화를 지켜왔다.

조선시대를 대표하는 계(契)는 향약이었다. 향약은 혼상(婚喪)의 부조를 중시했다. 거기에서 상(喪)의 부조만을 떼어낸 게 상포계였다. 하루하루 살아가는 게 팍팍해 좋은 일은 모른 척 슬그머니 지나갔지만 슬픈 일은 차마 그럴 수 없었던 옛사람의 이타적이고 선한 마음이 곧 상포계였다.

수영 상포계는 장례 부조 말고도 역점을 둔 사업이 여럿 있었다. 그중의 하나가 '수영지신밟기의 고증'이었다. 상을 치르려고 조직한 계모임에서 지신밟기 고증에 역점을 둔 이유는 차차 설명하겠다. 수영지신밟기는 지금은 부산시 무형문화재

제22호로서 복원과 보존, 전승의 삼박자를 갖췄지만 상포계의 고증이 있었기에 가능했다. 그 고증을 맡은 분이 김달봉 어른이었다.

수영 상포계도 수영기로회처럼 수영 토박이 모임이었다. 마을마다 있었다. 토박이가 모여서 상호 부조하는 가운데 친목을 돈독히 하고 나아가 전통예술 분야까지 활동 범위를 넓게 되면서 수영기로회는 25의용단 제사를 전담하는 쪽으로, 상포계는 지신밟기와 수영야류 같은 수영의 민속을 보존하는 쪽으로 정체성을 세웠다. 그러니까 수영의 전통문화를 지켜온 핵심이 상포계였다.

수영 상포계는 앞에서 밝혔듯 애초에는 부조가 목적이었다. 부모와 본인, 아내의 사상(四喪)에 부조하려고 조직한 계였다. 나중에는 마을 어른의 건강과 장수, 마을의 안녕과 태평, 그리고 액을 물리치고 복을 비는 제액초복의 단계로 나아갔다. 정초가 되면 가가호호 돌며 귀신을 쫓아내고 복을 불러들이고자 의례를 벌였다. 이것이 굳어져 지역을 대표하는 세시풍속으로 정착했다.

같은 마음을 가진 주민들이 너도나도 참여해 북치고 장구 치며 함께했다. 가가호호 돌며 마을 어른의 건강과 마을의 안녕을 빌었다. 이것이 수영지신밟기의 발단이었다. 지신밟기를 통해서 걷은 돈이나 물품은 상포계 경비로 쓰였다. 다른 지역에도 지신밟기야 있었겠지만 수영은 김달봉 선생을 비롯한 상포계의 고증과 복원 노력이 뒤따랐기에 문화재 지정이 가능했다.

수영 상포계의 지신밟기는 국가무형문화재 수영야류와도 이어진다. 어쩌면 지신밟기가 있었기에 수영야류가 명맥을 이어 왔는지도 모른다. 지신밟기는 정초 행사였고 수영야류 탈놀음은 정월대보름 행사였다. 지신밟기에서 걷힌 재원은 상포계 운영에도 쓰였고 수영야류의 탈놀음 경비에도 쓰였다. 그러므로 수영지신밟기는 다른 지역의 그것과는 달리 상포계 운영을 위한 목적으로만 하지 않고 정월대보름 수영야류의 탈놀음 경비를 마련하는 목적을 함께 가지고 있었다는 점에서 자신만의 색깔을 갖는다.

이와 관련해 도태일 선생의 육성 기록이 남아 있다. 2017년 아흔넷에 타계한 도 선생은 아흔 넘어서도 수영지역 민속 예능인 가운데 최고령 현역으로 활동했다. 수영 토박이로서 어렸을 때부터 수영야류와 지신밟기 공연을 보며 자랐고 지신밟기 예능보유자이면서 수영야류와 수영농청놀이 등에서도 상쇠를 맡은 수영 농악, 나아가 수영 민속의 핵심이었다. 상포계와 수영야류에 관한 도 선생의 육성을 소개한다.

> 우리 동네에서는 우리 상포계가 있었지. 주로 상포계고 면에 인자인제 동네마다 단체에 농청이라든지 이런 단체에 되는 데가 마 상포계도 되고 농청놀이도 되고 뭐, 다 되는 단체가 그 단체거든. 젊은 사람은 뭐 이러니까네 역시 인자 정월달 지신밟기거튼 것도 거서 다 하고. 이 수영야류 이거는 남수리 여게 상포계 하던 사람이 모여가 해가지고 받아갖고 그런 거야. 그래서 옛날에 상포계 하던 사람이 받아하니까 이래 됐지.

수영지신밟기를 비롯한 수영지역 민속의 정립과 전승. 이는 이 지역에서 오랫동안 전해오는 민간신앙의 민속적 유산의 계승이다. 나아가 지역민이 무사안녕과 태평성대, 제액초복을 기원했던 생활문화를 후세에 온전하게 전한다는 점에서 매우 높이 평가받아 마땅하다. 그리고 그 모든 것의 연결고리가 바로 수영 상포계다.

수영구청 신문 <새수영>에 실린 사진에는 상포계 창립연도를 추정할 수 있는 손글씨가 쓰여 있다. '수영동지상포계 창립 5주년 기념 4284. 4.8.'이란 문구가 그것이다. 4284년은 서기 1961년. 이로 미뤄 창립연도는 1956년이다. 이 사진을 제공한 이는 김종열 선생. 김달봉 어른의 아들이고 일흔 초반이다. 김 선생은 어린 시절 상포계를 이렇게 기억한다. "동네 두어 곳 상엿집에 상여를 마련해 두고 초상이 나면 도움을 주었다. 정월에는 지신밟기로 동네를 돌며 안녕을 기원하고 동민

정월대보름 광안리해수욕장에서 열린 수영전통달집놀이 장면. 수영상포계는 수영야류와 수영농청, 좌수영어방
놀이, 지신밟기 등 수영의 민속과 전통문화 지킴이였다. ⓒ수영고적민속예술보존협회

의 화합을 이루고, 큰일에 쓸 재원도 마련했다."

사진을 찍은 곳은 수영초등학교 정문. 그때는 지금의 수영사적공원 동문이 수영초등 정문으로 쓰였다. 사진을 찍은 장소에서 수영 발전의 초석이 되겠다는 결연한 의지가 엿보인다. 창립 5주년 기념사진인 만큼 상포계 회원들은 다 찍혔으리라. 사진에 보이는 인물은 모두 열다섯 분. 하도 오래된 사진이라 이름이 밝혀진 분도 있고 밝혀지지 않은 분도 있다. 김달봉 어른을 비롯해 노영규, 박남수, 윤수만, 조덕주, 조복준, 그리고 밝혀지지 않은 수영 상포계 이들이야말로 수영의 큰어른이었다. 한국전쟁 직후의 그 어렵던 시절을 어려운 처지에 놓인 지역민과 동병상련하며 오늘보다 나은 내일로 나아가도록 이끈 그들! 그들이 있었기에 오늘 우리가 여기 있다.

# 〈내영지〉와
# 〈수영유사〉를
# 발간하자

〈내영지〉와 〈수영유사〉는 공통점이 있다. 둘 다 수영 이야기다. 1850년 무렵 발간한 〈내영지〉는 당시 수영이 어땠는지 알리는 일종의 백서이며 일제강점기 작성한 〈수영유사〉는 임진왜란 전후의 역사와 수영의 문화를 다뤘다. 부산 전체의 역사를 다룬 고문서도 드문데 수영 역사를 담은 점만으로도 이 둘은 우리 지역의 보배다.

이렇게 중요한 보물이 제대로 알려지지 않아 아쉽다. 세상에 나온 지 오래돼서 그렇고 일반의 기억에서 멀어져서 그렇다. 더 오래되기 전에, 더 멀어지기 전에 〈내영지〉와 〈수영유사〉를 복원해야 하고 역사적·문화적 평가를 받아야 한다. 둘의 발간이 중요하고 시급한 이유다.

〈내영지〉는 당시 경상좌수영에서 펴낸 공문서이며 〈수영유사〉는 수영의 큰 어른 최한복(1895~1968) 선생이 일제 감시망을 피해가며 두루마리 자락에 한 글자 한 글자 남긴 피눈물의 기록이다. 이 둘의 발간은 지역의 역사를 복원하고 미래로 나아가는 디딤돌이다.

<내영지> 한자는 萊營誌. 내영은 동래 수영을 줄인 말이다. 수영에 있었던 조선
시대 수군부대인 경상좌수영에서 펴낸 군사용 백서다. 조선시대는 수영이 일반
명사였다. 팔도 모두에 수영이 있었다. 특이한 점은 경상도와 전라도는 좌우로 나
누어 두 군데가 있었다. 조선을 호시탐탐 넘보던 왜와 지리적으로 가까웠기에 국
경 관리의 중요성이 컸다.

그중에서도 경상좌수영, 곧 지금의 부산 수영은 왜와 가장 가까웠다. 그러기에
부산 수영은 군사적으로 중요했다. 맡은 지역도 낙동강에서 경북까지 광범위했
다. <내영지>를 펴낸 이유와 당위성이 여기 있었다. <내영지>가 나오기 직전 경
상좌수사를 맡았던 이형하가 쓴 서문에도 그러한 사정이 언급된다. 불안정한 정
세에서 난국을 타개할 힘의 축적이 <내영지>였다.

이형하 서문은 수영 25의용과 <정방록>도 언급한다. 25의용은 임진왜란 7년 내
내 왜적에 대항한 일종의 레지스탕스이고 <정방록>은 전쟁이 끝나고 10년 후 부
임한 동래부사가 그들의 공적을 기록한 고문서다. 25의용 언급 가운데 한 대목
을 소개한다.

"황령산의 지는 달과 장산 냇가의 가을비는 귀신이 하소연하는 듯 구슬프다. 아
아, 참으로 참혹하여라. 지금까지 수백 년 동안 알려지지 않았으니 얼마나 통탄
할 일이냐!"

'황령산', '장산'도 나오는 <내영지>는 부산시가 2001년 <국역 내영지>란 제목으
로 펴냈지만 거의 알려지지 않았다. 전문가용이었고 발간 부수가 한정됐다. 시민
이 이해하기 쉽게 다시 발간할 필요가 있다.

<수영유사>는 수영의 문화를 역사와 함께 다뤘다. 특히 '수영야류'의 복원은 <수
영유사>의 가장 큰 공이다. 들놀음이자 마당놀이 '수영야류'는 국가무형문화재
제43호. 일제강점기를 거치며 멀어지던 '수영야류' 대본을 또박또박 기록한 최한

복 선생의 <수영유사>는 현재 극소수가 남아 언제 멸실될지 모르는 상황이다.
일제강점기 때도 이어지던 것이 지금 우리 대에 끊긴다면 어찌 얼굴을 들고 다니
겠는가.

<내영지>와 <수영유사>. 부산 사람이라면 당연히 알아야 할 지역 역사이며 자
부심이다. 수영구가 나서면 좋겠다. 수영구는 경상좌수영의 후신이며 수영야류
의 본향이기에 더욱 그렇다.

## 기고 ‘내영지’와 ‘수영유사’를 발간하자

김종수
민주평통자문회의
부산수영구협의회장

‘내영지’와 ‘수영유사’는 공통점이 있다. 둘 다 부산의 수영 이야기다. 1850년 무렵 발간한 ‘내영지’는 당시 수영이 어땠는지 알리는 일종의 백서이며 일제강점기 작성한 ‘수영유사’는 임진왜란 전후 역사와 수영 문화를 다뤘다. 부산 전체 역사를 다룬 고문서도 드문데 수영 역사를 담은 점만으로도 이 둘은 우리 지역의 보배다.

이렇게 중요한 보물이 제대로 알려지지 않아 아쉽다. 세상에 나온 지 오래돼서 그렇고 일반의 기억에서 멀어져서 그렇다. 더 오래되기 전에, 더 멀어지기 전에 ‘내영지’와 ‘수영유사’를 복원해야 하고 역사·문화적 평가를 받아야 한다.

‘내영지’는 당시 경상좌수영에서 펴낸 공문서이며 ‘수영유사’는 수영의 큰 어른 최한복(1895~1968) 선생이 일제 감시망을 피해가며 두루마리 자락에 한 글자 한 글자 남긴 피눈물의 기록이다. 이 둘의 발간은 지역의 역사를 복원하고 미래로 나아가는 디딤돌이다.

‘내영지’ 한자는 萊營誌. 내영은 동래 수영을 줄인 말이다. 수영에 있었던 조선시대 수군부대인 경상좌수영에서 펴낸 군사용 백서다. 조선시대는 수영이 일반명사였다. 팔도 모두에 수영이 있었다. 특이한 점은 경상도와 전라도는 좌우로 나누어 두 군데가 있었다. 조선을 호시탐탐 넘보던 왜와 지리적으로 가까웠기에 국경 관리 중요성이 컸다.

그중에서도 경상좌수영, 곧 지금의 부산 수영은 왜와 가장 가까웠다. 그러기에 부산 수영은 군사적으로 중요했다. 담당지역도 낙동강에서 경북까지 광범위했다. ‘내영지’를 펴낸 이유와 당위성이 거기 있었다. ‘내영지’가 나오기 직전 경상좌수사 이형하가 쓴 서문에도 그런 점이 언급된다. 불안정한 정세에서 난국을 타개할 힘의 축적이 ‘내영지’였다.

이형하 서문은 수영 25의용과 ‘정방록’도 언급한다. 25의용은 임진왜란 7년 내 왜적에 대항한 일종의 레지스탕스이고 ‘정방록’은 전쟁이 끝나고 10년 후 부임한 동래부사가 그들의 공적을 기록한 고서다. 25의용 언급 가운데 한 대목을 소개한다. "황령산의 지는 달과 장산 냇가의 제사비는 귀신이 하소연하는 듯 구슬프다아, 참으로 참혹하여라. 지금까지 수백 년 동안 알려지지 않았으니 얼마나 통탄할 일이냐!"

‘황령산’ ‘장산’도 나오는 ‘내영지’는

산시가 2001년 '국역 내영지'란 제목으로
펴냈지만 거의 알려지지 않았다. 전문가
용이었고 발간 부수가 한정됐다. 시민이
이해하기 쉽게 다시 발간할 필요가 있다.
'수영유사'는 수영의 문화를 역사와 함께
다뤘다. 특히 '수영야류' 복원은 '수영유
사'의 가장 큰 공이다. 들놀음이자 마당놀
이 '수영야류'는 국가무형문화재 제43호.
일제강점기를 거치며 멀어지던 '수영야
류' 대본을 또박또박 기록한 최한복 선생
의 '수영유사'는 현재 극소수가 남아 언제
결실될지 모르는 상황이다. 일제강점기
때도 이어지던 것이 우리 대에 끊긴다면
어찌 얼굴을 들고 다니겠는가.
　'내영지'와 '수영유사'. 부산 사람이라
면 당연히 알아야 할 지역 역사이며 자부
심이다. 수영구가 나서면 좋겠다. 수영구
는 경상좌수영의 후신이며 수영야류의 본
향이기에 더욱 그렇다.

2021년 4월 16일 국제신문에 실린 저자의 기고문. 부산 수영의 향토사를 담은
고문헌 〈내영지〉와 〈수영유사〉를 공공기관에서 재발간해 향토사에 대한 이해와
자부심을 높이자는 내용이다.

# 〈민락 100년〉과
# 두 권의 책

지금 내 앞에는 세 권의 책이 놓여 있다. 하나는 〈민락 100년〉이고 하나는 〈물길 따라 흐르는 수영의 역사〉, 그리고 〈도시어부의 삶과 일상〉이다. 세 권 모두 볼 때마다 만감이 교차한다. 뿌듯하기도 하고 더 잘 만들 걸 아쉬움이 들기도 한다.

이 책 세 권은 내가 직간접적으로 출간에 참여했다. 〈민락 100년〉은 수영구 민락동 민락 100년 기념사업추진위원회 부위원장으로서, 뒤의 책 두 권은 수영문화원 부원장으로서 참여했다. 책들이 나올 때 내가 그 자리에 있었다는 게, 그래서 책 발간에 참여했다는 게 나로선 고맙고 영광이었다. 내가 복이 많다고 여긴다.

〈민락 100년〉은 제목 그대로 민락동이 생긴 지 100년을 기념해서 2014년 발간했다. 〈물길 따라 흐르는 수영의 역사〉는 일종의 사진집으로 '사진으로 보는 부산 수영구의 어제와 오늘'이란 부제를 달아 2016년, 〈도시어부의 삶과 일상〉은 민락동과 남천동 두 군데 어촌계를 품은 수영구 어부의 일상을 담아 2018년 발간했다.

언론의 반응은 대단히 호의적이었다. <민락 100년>은 '동(洞) 단위로는 최초로 순수 주민의 뜻과 힘을 모은 행사'라고 보도했다. <물길 따라 흐르는 수영의 역사>는 '6·25전쟁 휴전 직전인 1951년과 1952년 피란수도 부산의 생활상이 담긴 컬러사진이 처음으로 공개됐다'고 보도됐으며 <도시어부의 삶과 일상>은 '우리나라 최초로 도시어부의 소망과 고난이 담긴 안내서이자 지침서'라고 보도됐다. 고마운 일이었다.

현재 민락동 주민자치위원회장을 맡고 있는 나로선 <민락 100년>은 언제 봐도 뿌듯한 책이다. 언론이 보도한 그대로 '순수 주민의 뜻과 힘'으로 이 세상에 나왔기 때문이다. 책 발간에 참여했던 편집위원 여덟은 그러한 뿌듯함을 맨 앞에 이렇게 밝혔다.

민락 100년 기념비와 타임캡슐 제막식

이 책은 부산광역시 수영구 민락동의 동 개설 100주년 기념사업의 일환으로 발행한 것입니다. 마을의 지난 100년 역사를 더듬어 보면서 이로 인하여 지역공동체 형성에 큰 도움이 되기를 바라는 마음으로 엮었습니다. 이 책이 나오기까지 많은 도움을 주신 지역 주민, 그리고 관계자 여러분들께 감사드립니다.

자문단의 노고도 컸다. 민락동에 오래 거주

해 지역 변천사에 밝은 지역주민으로 구성한 자문단은 향토 자료의 수집과 해설에 크게 기여했다. 그들이 없었더라면 책이 나왔을까 싶다.

<민락 100년>은 사진이 빛났다. 일반에겐 공개되지 않았던 '그때 그 사진'이 민락 주민의 장롱에서, 앨범에서 비로소 빛을 봤다. 생각하면 생각할수록 고맙고 고마운 우리 민락동 주민이었다. 이 책을 통해 민락동에 대한 자긍심과 향토애가 더욱 진해졌다고 믿는다. 사진으로 보는 민락동 변천사, 민락어촌계 이야기, 지도로 보는 민락동 변천사, 역사로 보는 민락동 이야기 등 다양한 향토 자료를 맛깔스럽게 실었다.

부경근대사료연구소 김한근 소장의 참여는 <민락 100년>이 가진 가치를 수영 안에서 수영 바깥으로 확장했다. 김 소장은 지역주민을 찾아다니면서 대담과 취재를 도맡았다. 무엇보다 연구소에서 보관하던 수영구 관련 사진을 전폭적으로 내놓았다. 하나하나 전국 언론의 눈이 번쩍 뜨이는 사진들이었다. 김 소장은 뒤에 나온 두 책에도 큰 도움을 줬다. 우리 수영구로선 보배 같은 사람이 아닐 수 없다. 그 고마움으로 지금도 인연을 이어 간다.

민락동 개설 100주년을 맞는 기쁨은 <민락 100년> 향토지 발간 말고도 각종 기념행사로 나타났다. 기념행사의 하이라이트는 '타임캡슐과 기념비 제막'이었다. 지금 생각해도 그런 행사를 치러낸 우리 민락동 사람들이 대견하고 대단하다.

제막 기념식은 민락동주민센터에서 열렸다. 그때가 2014년 2월 19일이었다. 민락 100년의 이모저모를 담은 가로세로 각각 40cm의 스테인리스 타임캡슐을 묻은 자리에 기념비를 제막하는 행사는 그야말로 성황을 이뤘다. 이 자리에는 강인중 민락100년 기념사업추진위원회위원장과 박현욱 당시 수영구청장을 비롯해 수영 사랑이 진득한 분들이 무려 500여 명이나 참석해 주민센터가 미어터졌다.

기념사와 축사는 인상적이었다. 몇몇 구절은 지금도 기억난다. 강인중 추진위원장은 "50년 후에 이 민락동이 발전되는 것을 목적으로 민락동 동민의 힘으로 추진하게 됐다. 후세 타임캡슐을 개봉할 때 읽을 수 있도록 민락초등학교 어린이들에게 전하는 메시지를 동봉하여 묻어 두려고 미리 준비해 뒀다"고 기념사에서 밝혔다.

박현욱 구청장은 축사에서 "동 단위 행사로서는 대한민국이 아닌 세계적으로도 크고 의미 있는 행사라고 생각하며 진심으로 축하드린다. 여기 참석해 주신 여러분도 50년 후 타임캡슐을 개봉하는 행사에 꼭 참석해 주시리라 믿는다. 저도 행사에 참석하여 구석자리에서 박수를 치겠다"며 참석자들의 장수를 기원했다.

그 자리엔 1914년 생으로 100세를 맞은 민락동 최장수 김흥순, 고순설 두 어르신도 참석해 의미가 더욱 깊었다. 이날 기념행사는 타임캡슐 수장품 전시를 시작으로 기념식, 사진전시회, 기념비 및 타임캡슐 제막식 순으로 진행됐다. 민락 100주년 기념비는 주민센터 입구에 세워져 있다.

<물길 따라 흐르는 수영의 역사>는 수영의 어제와 오늘, 문화를 고스란히 담은 사진집이다. 6.25피란시절 수영의 모습, 50년대 남천동 해녀, 드넓은 논밭이 펼쳐진 수영구 전경 등 지금은 상상도 하기 힘든 모습을 담은 귀한 사진들이 실려 있

다. 당시에는 좀체 보기 어려웠던 컬러 사진들이 많아 보는 재미를 더한다.

이 책은 2009년 7월 개원한 수영문화원의 회심의 역저였다. 이를 통해서 우리 수영구의 문화 수준이 한층 업그레이드됐다고 감히 자부한다. 집필은 수영문화원 박경옥 사무국장과 부경근대사료연구소 김전희 연구원이 담당했고 사진은 수영구청 공보계와 남구청 홍보계, 국립민속박물관, (주)두모문화산업, 그리고 김한근 소장이 있는 부경근대사료연구소가 제공했다. 발간에 참여했던 당시 문화원 부원장으로서 이 자리를 빌어 감사의 인사를 전한다.

<도시어부의 삶과 일상>은 정부 사업으로 수영문화원과 부산 문화원연합회가 공동으로 발간한 단행본이다. 문화체육관광부 국비 공모사업인 지역문화 콘텐츠 발굴지원사업으로 발간한 이 책은 수영구 어부의 삶과 어촌의 과거와 현재를 조명한 책이다. 수영구 어촌의 역사 그리고 문화 발굴과 자료 수집을 통한 어부의 삶을 재조명하고자 하는 마음이 책 발간으로 이어졌다.

수영은 대도시에 속한다. 그러면서 어촌을 품었다. 도시 속의 어촌에서 일상을 영위하는 도시어부의 삶은 어떨까? 하는 의문에서 이 책은 시작했다. 도심개발로 어항은 사라지거나 축소되고 어자원은 나날이 고갈하며 어부는 한 해가 다르게 고령화되는 현실에서 우리 수영 어부의 하루는 어떨까, 그들의 바람은 무엇일까 등등을 이 책에 담았다. 지금은 20명밖에 남지 않은 해녀와 선주들 인터뷰는 이 책 발간에 참여한 한 사람으로서 이 책의 백미라고 자부한다. 읽을수록 찡하다.

특히 장운용 민락어촌계장과 박귀한 남천어촌계장, 동의대 한일해녀연구소 유형숙 교수의 노고가 컸다. 설문조사와 자료조사, 인터뷰 등 그들이 없었더라면 이처럼 정이 넘치고 두꺼운 책은 나오지 못했을 것이다. 볼 때마다 허리 숙여 절하고 싶은 두 사람이다.

이 책에는 민락어촌계와 남천어촌계로 구성된 수영의 어촌과 어부뿐만 아니라

도시어부 출판기념회

부산의 어업 유산도 담았다. 조선시대부터 이어진 수영의 어촌계와 미래 발전 방안을 담은 <도시어부의 삶과 일상>은 책으로 500부 만들고 DVD 영상과 인터넷 서적으로 만들어 시민의 삶 가까이에 배포했다. 각종 문헌과 자료를 참고하고 어부와 해녀의 생생한 이야기를 담았기에 우리나라 최초로 도시어부의 소망과 고난을 담은 책이라는 평가가 따랐기에 볼 때마다 흐뭇한 마음이 든다.

<민락 100년>과 <물길 따라 흐르는 수영의 역사>, 그리고 <도시어부의 삶과 일상>. 지금 내 앞에 놓인 이 세 권의 책은 수영구의 이야기면서 부산의 이야기이며 나아가 한국의 이야기다. 나아가 앞 세대 선배와 당대를 사는 우리 모두의 이야기다. 한 권 한 권 소중하고 묵직하게 다가오는 이유다. 우리 수영구의 자산으로, 자부심으로 널리 알려지고 읽혀지기를 바라는 마음 간절하다.

# 수조처판곶전양과
# 포이진

'수조처판곶전양' 옛날 지도에 나오는 한자 일곱 자다. 1872년 지도이니 지금부터 150년 전쯤 된다. 다른 지역 사람은 몰라도 수영 사람, 특히 내가 사는 민락동 사람에게는 눈이 번쩍 뜨일 만한 일곱 자다.

수조처판곶전양을 한자로 쓰면 水操處板串前洋. 어려운 한자다. 게다가 수영의 역사랄지 지명 유래에 대한 기본소양 없이는 해석이 난감하다. 그러나 이 일곱 자를 해석해 낼 정도가 되면 수영 사람으로서, 민락동 사람으로서 지역에 대한 이해가 높아졌다는 뿌듯함 같은 걸 갖게 되고 지역에 대한 긍지랄지 자부심이 생긴다.

수조(水操)는 수군 훈련을 뜻한다. '수군 조련(操鍊)' 또는 '수군 습조(習操)'를 줄인 말이다. 육군 훈련은 육조(陸操)라 했고 야간 훈련은 야조(夜操)라 했다. 성조(城操)는 성에서 적과 교전 상황을 가정해서 하는 훈련이었다.

수조란 용어는 <광해군일기>에 처음 나온다. 1620년 5월 일기다. 임진왜란이 끝나고 20년쯤 후다. 그러니까 임진왜란 직후다. 해안 경비 내지는 해양수호의 중요성이 어느 때보다 강조되던 시기였다. 수조는 군사 훈련에 그치는 게 아니라 국가 행사였다. 그러므로 지도에도 적시했다.

수조는 둘로 나누어서 봄과 가을 실시했다. 각 도(道) 수사(水使)가 주관하는 각도전양수조(各道前洋水操)가 있었고 삼도수군통제사·삼도통어사가 주관하는 통영합조(統營合操)가 있었다. 수사는 오늘날 별 두 개쯤, 통제사나 통어사는 세 개쯤 되는 해군 장성이다. 통영합조는 봄에, 각도전양수조는 가을에 하는 게 관례였다.

통영합조는 규모가 컸다. 하삼도인 경상도·전라도·충청도 수군과 경기도·황해도 수군을 징발해서 훈련했다. 훈련 장면은 병풍 형태로 꽤 남아 있다. 각도전양수조는 각 도 수사 관할 진(鎭)·포(浦)의 수졸과 병선을 징발해서 훈련했다. 수군 훈련과정을 적은 기록을 수조홀기(笏記)라 한다.

부산은 조선시대 경상좌도에 속했다. 경상좌수영은 경상좌도 수군 주둔지였다. 수영팔도시장 일대가 거기다. 경상좌수영 사령관을 경상좌수사, 좌수사, 수사, 또는 수령이라고 불렀다. 수령은 고을 원님의 통칭이기도 했다. 수영사적공원 남문 입구 하마비 문구가 '수령이하개하마비'다. 수령 이하는 모두 말에서 내리란 엄명을 새긴 비석이다. 말에서 내리지 않는 걸 범마(犯馬)라 했다. 범마했다간 아무리 콧대 높은 양반이라도 수모를 당했고 곤욕을 치렀다.

경상좌도의 전양수조는 규모가 어느 정도였을까. 통영합조보다는 작았을지라도 나름 위용이 대단했다. 관할지역이 넓었기에 참가하는 전선이며 정탐선, 병선, 사후선이 많았다. 경상좌도수사 관할지역은 낙동강에서 경북 끄트머리였다. 현재 기준으로 부산과 울산, 경북이 모두 좌수사 관할이었다. 삼도수군통제영이 있던 통영보다 일본에 가까워 군사적으론 훨씬 중요했다.

판곶(板串)은 우리말로 '널곶'이다. 글자로 하면 그렇고 말로 하면 널고지, 널구지

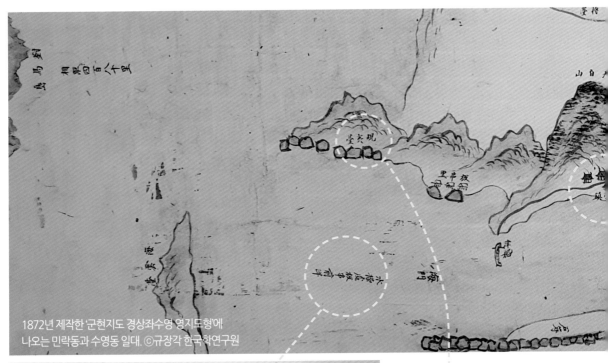

1872년 제작한 '군현지도 경상좌수영 영지도형'에
나오는 민락동과 수영동 일대. ⓒ규장각 한국학연구원

수조처판곶전양                              첨이대

1950년대 백산과 민락동 앞바다 일대.
민락동 앞바다는 조선 수군이 훈련하던 장소였다.
고지도에는 '水操處板串前洋(수조처판곶전양)'으로 나온다.
ⓒ부경근대사료연구소 김한근

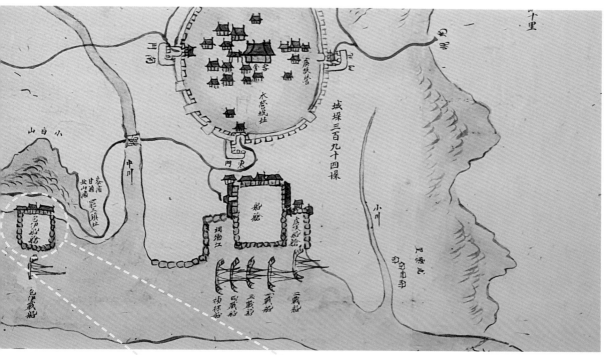

포이진

포이선창

1890년대 프랑스인이 찍은 사진.
포이진과 포이진 선창, 민락본동, 백산 둘레길이
선명하게 보인다.
ⓒ프랑스 파리 장식미술관

1968년 무장공비 '김신조 사건' 이후 설치한
민락동 해안 감시초소. 현대판 첨이대다. ⓒ박영표

가 된다. 곶은 바다 쪽으로 툭 튀어나온 땅이다. 널빤지처럼 평평하면서 바다로 튀어나온 곳이 판곶이고 널고지, 널구지다. 이쯤이면 민락본동 토박이라면 금방 감이 오지 싶다. 민락본동 옛 이름이 널구지다. '수조처판곶전양'에 나오는 판곶은 곧 민락본동이다.

민락본동 앞바다 수조처판곶은 부산 바다를 수호하던 조선의 수군 훈련장이었다. 조선의 수군은 여기서 훈련하면서 부산의 바다를 지키고 조선의 바다를 지켰다. 그 증명이 1872년 고지도다.

옛날 지도 정식 명칭은 '군현지도 경상좌수영 영지도형'이다. 1872년 이때는 고종의 아버지 흥선대원군이 최고 권력자였다. 대원군은 중앙집권적 통치체제를 확립하고 정치적 기반을 다지려고 각 지방의 정보 수집을 지시했다. 병인양요와 신미양요를 겪으면서 생긴 자신감을 바탕으로 국방태세를 정비하고 군사시설을 파악하고자 조선팔도의 지도를 제작했다.

지도 제작의 의도가 그런 만큼 다른 지도와 마찬가지로 경상좌수영 영지도형은 정치·경제적 상황과 군사적 내용이 상세하게 나온다. 성의 규모와 군함의 수효 등 해방(海防)과 관련된 각종 군사정보가 실렸다. 지도에 보이는 군함은 모두 여섯. 수영성 동문 선창에 다섯 척이 보이고 백산 아래 선창에 한 척이 보인다. 소백산과 대백산으로 나뉜 백산 지명도 반갑고 판곶리, 첨이대 지명도 반갑다.

첨이대는 설명이 좀 필요하다. 한자로 쓰면 볼 첨(覘), 오랑캐 이(夷)를 써서 섬 오랑캐 동태를 살핀다는 뜻이다. 멀리 수평선 쪽에서 다가오는 적의 동태를 살피려면 산꼭대기처럼 높은 데 있어야 하는데도 지도에 나오는 첨이대는 판곶리 바로 옆의 바닷가다. 첨이대는 경치가 아름다워 경상좌수사가 종종 유람하던 곳. 아름다울 미(美)를 써서 첨미대로 표기하는 게 마땅하나 좌수사가 공직자인 만큼 차마 그렇게 쓰지 못하고 첨이대로 했다는 내력이 전한다(<도시어부의 삶과 일상> 135~137쪽).

지금의 첨이대는 백산 꼭대기에 있다. 1950년 한국전쟁이 터지자 국군 포부대가 여기에 주둔했다. 수영비행장 방어를 위한 포부대였다. 대포를 설치하고 막사를 짓느라 정상이 깎여 지금처럼 편평해졌다. 언젠가 백산 정상 비스듬한 장소에서 군 최고 책임자가 참석한 가운데 대간첩작전을 실시하기도 했다. 헬기가 뜨고 연막탄이 터지는 등 장관이었다. 훈련에 동원된 군용 트럭은 옥련선원 좌불상 쪽으로 해서 정상을 오르내렸다. 무장공비 김신조 일당이 서울에 침투한 이후에는 해안경비가 강화됐다. 부산은 39사단이 해안경비를 담당했다. 민락동 롯데캐슬 뒷산 진조말산엔 아직도 그때의 해안초소 흔적이 남아 있다.

진조말산의 바닷가 끝자락엔 진조암(眞潮巖)이란 바위가 있었다. 미월드 자리께 있었다. 의자처럼 생긴 자연석 바위였다. 수군과 지역민 협동체인 어방(漁坊)이 한 해의 첫 어로 작업을 벌이는 날 좌수사가 거기 앉아 어로작업을 지켜보며 수군과 어부의 노고를 격려하고 그해의 풍어를 기원했다. 수영을 대표하는 문화재인 좌수영 어방놀이(국가무형문화재 제62호)가 여기에서 비롯했다.

진조암은 수검소(搜檢所) 역할도 했다. 수검소에선 이곳을 지나는 배를 검문했다. 진조암 수검소에 대한 직접적인 기록은 아직 보이지 않지만 남해안 거문도 섬 지방에 관련 내용이 전한다. 거문도에서 울릉도를 오가는 배는 반드시 수영강 하구를 거쳤다. 검문을 피해 멀리 돌아갔다간 적선 혹은 밀수선으로 간주돼 호된 처벌을 각오해야 했다. 조선시대 해상 수검소 수영! 이는 남해에서 동해로 오가는 요지가 수영이었다는 방증이다(<도시어부의 삶과 일상> 138~141쪽).

그러므로 1872년 '군현지도 경상좌수영 영지도형'은 보면 볼수록 흐뭇하고 대견하다. 이 지도를 큼지막하게 복사해 수영 여기저기 내걸면 어떨까? 다른 데는 몰라도 최소한 수영구 민락동만큼은 그래야 한다.

# 수영강의
# 석축

지금 내가 보는 지도는 옛날 지도다. 1872년 나왔으니 딱 150년 전 지도다. 지도 오른쪽 상단에는 지도 제목을 표기했다. <경상좌수영 영지도형(慶尙左水營 營址圖形)>이다. 그 당시 수영에 주둔하던 해군사령부인 좌수영이 어떻게 생겼는지 그린 지도다.

영지도형은 좌수영을 친절할 정도로 자세히 묘사한다. 좌수영 성이며 문루의 형태, 선창에 정박한 군함의 수와 생김새, 수영강의 형상까지 그 당시 수영이 손금 보듯 훤하게 드러난다. 우리 수영으로선 국보 같은 지도가 아닐 수 없다.

석축(石築). 지금 내가 관심을 갖고 보는 부분은 수영강 하구다. 하구 양쪽에 돌무더기를 일렬로 그려 넣고선 '석축'이라고 표기했다. 지금은 흔적도 없지만 이때만 해도 석축이 있었다고 지도는 말한다.

이 석축은 언제부터 있었을까? 수영강은 자연의 산물이니 처음부터 석축이 있진 않았을 것이다. 일렬로 놓인 돌무더기를 보더라도 사람이 인위적으로 쌓은 것이 분명하다. 언제 누가 어떤 이유로 이 석축을 쌓았을까?

다행히 여기에 대한 기록이 남아 있다. <영지도형>이 나오기 직전인 1850년 발간한 수영 백서 <내영지(萊營誌)>에 수영강 석축에 대해서 나름 상세하게 기록했다. 수영강 석축의 유일한 기록이 아닐까 싶다.

기록의 해당 구절은 '선창강구(船倉江口)'로 시작한다. '선창의 강어귀가 모래로 채워져 선박을 운행치 못하여, 석축을 청하는 장계를 올렸다'는 내용이다. 그러니까 이 장계가 청하는 석축을 임금이 윤허했고 그에 따라 수영강 하구 양쪽에 석축을 쌓았다는 이야기다.

장계는 일종의 보고서. 지방관이 임금에게 보고하거나 무엇을 청하는 공문서다. 수영강 석축 언제, 누가 올렸을까? <내영지>는 그것도 언급한다. 무신년 7월 11일 경상좌수사로 도임한 민승(閔昇)이었다. 무신년은 1668년. 현종 9년 때다. 그해 6월 24일 경상좌수사로 임명됐고 보름 뒤인 7월 11일 현지에 부임했다. 부임하는 데 그 정도 시간은 걸렸던 모양이다. 그리고 2년 뒤인 1670년 임기가 차서 교체됐다.

민승(閔昇)은 활을 잘 쏘았다. 19세에 무과에 '소년 급제'해 무관직을 두루 거쳤다. 춘천부사도 지냈고 경상좌수사와 병마절도사 등을 지냈다. 오래 살지는 못했다. 쉰둘 나이에 임지인 전라도 병영에서 생을 마감했다.

민승은 군인으로서 기개가 남달랐다. 한마디로 남자였다. 현종 임금이 대비를 모시고 온양 온천으로 거둥할 때는 마병별장(馬兵別將)으로서 마병 5백 명을 거느리고 앞뒤로 호위하기도 했다. 멀리서 봐도 남자다운 남자가 민승이었다.

그러나 선이 굵은 사람이 으레 그렇듯 잔정은 별로 없었다. 백성의 아픔을 보듬고 위무하는 일에는 둔감했다. 그래서 춘천부사로 재임하던 1668년 2월에는 '전에 고을 수령을 맡을 때 선정을 폈다는 보고가 한 번도 없었다'는 사유 등으로 곤경에 처하기도 했다.

민승이 경상좌수사로 임명된 건 그로부터 4개월 지나서인 1668년 6월이었다. 비록 곤경에 처하긴 했지만 임금의 신임이 두터웠단 방증이다. 그러기에 임금과 대비의 행차를 지근거리에서 호위할 수 있었지 않았겠는가.

석축은 언제 완공했을까? <내영지>는 그에 대한 언급은 없다. 하지만 민승 좌수사가 도임 첫해 장계를 올렸다면 공사 진행에서 완공까지 그가 진두지휘했을 것이다. 제대로 된 장비를 갖추지 않고 강가 석축을 쌓는 게 결코 쉽지는 않았겠지만 좌수사 2년 임기를 감안한다면 재임 중에 능히 해낼 수 있는 공사였다.

다시 지도를 본다. 수영강 양쪽 석벽은 어딘가 웅장미가 있다. 힘주면 여기저기 불끈대는 근육질을 보는 듯하다. 지도를 곰곰 들여다보노라면 수영강 이쪽저쪽 석축을 쌓고서 뿌듯해 하는 민승의 표정이 그려진다. 활을 잘 쏘았다는 그였기에 강 이쪽 석축에 서서 강 저쪽 석축에다 활을 날리기도 했으리라. 그러고 보면 수영강 휘어지는 강굽이는 힘껏 당겨서 잔뜩 휘어진 활시위를 참 많이 닮았다.

李世選　梁禹及　鄭后亮　張是奎　｜　閔昇　朴而昭　李鍒　尹起商

李世選 乙卯十二月日巡使啓罷仕丁巳五月

梁禹及 甲寅二月初八日到任東南北三門二月移拜坡原府使

鄭后亮 寅正月二十六日到任甲母喪

張是奎 貞戌六月初十日到任壬子丑月箇滿遞

閔昇 戊申七月十一日到任船倉江口埃少仕不付船艙以某石等庚戌六月箇滿遞

朴而昭 丁未十二月二十四日到任以某令松李戌啓孕令

李鍒 丁未十一月初九日移拜左兵使仕丙申十二月初九日到仕

尹起商 以德原府使陞拜乙巳二月十九日到任暗行御史書啓罷仕丙午十二月日到仕

# 석포와 석성

석포로. 남구 대연동에 있는 도로 이름이다. 대연동이 속한 남구는 수영구와 뿌리가 같다. 조선시대 때는 같은 면이었다. 수영구와 남구 둘 다 남면 또는 남촌면에 속했다. 그러다 구한말 남상면과 남하면으로 나뉘었다.

대연동 석포로는 부산문화회관을 낀 도로다. 문화회관에서 우암동 옛 부산외대로 이어진다. 도로변에 한국 최초의 아동복지시설인 남광학원이 있었다. 한국전쟁 때는 전쟁 고아들을 실어 나르던 길이었다.

그런데 왜 석포라 그럴까. 원래는 문화회관 맞은편, 그러니까 시립박물관 일대가 바다였다. 바다일 때 있었던 포구의 이름이 석포였다. 돌 석(石). 포구 포(浦)를 썼다. 박물관 일대는 포구였고 문화회관 일대는 포구 마을이었다.

그래도 궁금증은 풀리지 않는다. 석포란 지명은 어디서 나왔을까. 돌로 쌓은 성, 석성(石城)이 여기 있었다. 석성이 있는 포구, 석포(石浦)였다. 그래도 궁금증이 남는다.

포구는 군사시설이 아니었지만 석성은 거기 버금가는 시설이었다. 국가에서 말을 사육하고 관리하는 국마장이 석성에 있었다. 국마장 말은 행정관청에도 들어가고 군부대에도 들어갔으므로 국가시설이었고 군사시설이었다.

그러므로 석포는 돌이 많아서 석포이기도 했지만 석성이 있어서 석포이기도 했다. 처음엔 돌무더기 성이 없는 한적한 석포였으나 국마장을 조성하려고 석성을 쌓게 되면서 어깨에 힘이 잔뜩 들어간 보무당당한 석포가 되었다.

<목장지도(牧場地圖)>는 1600년대 조선의 목장을 표시한 옛날 지도. 이 지도 동래부에 그 당시 있던 부산의 목장이 나온다. 거기에 석포가 보인다. 일정한 형태의 돌로 쌓은 성이 해안에서 내륙으로 기다랗게 이어지는 게 장관이다. 지도 상단에는 목장 둘레와 위치가 나온다.

인터넷 백과사전인 <향토문화전자대전>은 석포를 상세하게 설명한다. 남구 대연4동에 있던 조선 시대의 포구라 정의하면서 천제등(天際嶝)[현 부산공업고등학교 뒷산]과 전선등(戰船嶝)[이전 부산외국어대학교 뒷산] 사이에 있었다고 한다. 그림 같은 풍경도 언급한다. 1930년대 초반까지만 해도 폐어선의 잔해가 수상교(水上橋)[동국제강 어귀에 있던 다리] 부근에 산재해 있었으며 1950년대에는 비사등(飛蛇嶝)[부산박물관 근처]까지 바닷물이 들어왔고, 이곳에 선착장이 있어 어선들이 왕래하였다고 한다.

석포가 나오는 고문헌과 고지도도 같이 소개한다. 1469년 <경상도속찬지리지>에는 '석포리에 석포 목장이 있었다. 석포 목장에서는 목마성(牧馬城)을 쌓아 232마리의 말을 방목하였다'라고 나오며 1740년 <동래부지>에 '석포는 동래부에서 남쪽으로 23리에 있고, 목장이 있었다'라고, 그리고 김정호 <대동여지도>에도 석포 목장이 나온다.

돌로 성을 쌓아도 효과는 별로 없던 모양이었다. 말은 툭하면 대연동 뒷산 황령산으로 달아났다. 황령산에서 전포동으로 넘어가 백양산 쪽으로 내달리거나 양정 화지산 쪽으로 내달렸다. 말의 입장에선 잡히면 안 될 일이었으니 죽자 살자 내달렸을 테니 마치 날아가는 듯했다.

그래서 생긴 지명이 마비현이었다. '말이 난다'는 뜻의 마비(馬飛)에 고개 현(峴)을 썼다. 마비현의 지명 유래는 여러 가지가 있지만 그중의 하나가 대연동 석성과 관련이 있다. 석성에서 달아난 말이 황령산을 넘어 백양산으로, 화지산으로 내달리던 고개라 해서 마비현이었다.

모너머고개는 마비현의 우리말 표현이다. 가파르고 도적이 많아 못 넘는 고개, 넘기 힘든 고개 그런 뜻이다. 고개가 있던 곳은 지금의 양정 송상현광장. 지금은 광장이지만 일제강점기 이전만 해도 험준한 고개였다. 철로를 놓느라 주변 산이 깎여 평지가 되면서 고개도 헐어졌다.

남구에 볼 일이 생기면 석포로를 지나곤 한다. 지금은 만성체증 도로이고 공기도 탁한 이곳이 파도소리 은은히 들리는 포구였고 말이 한가로이 풀 뜯어먹는 목마장이었다면 믿는 사람이 과연 몇이나 될까? 귀를 가만히 기울이면 들리는 이런저런 소리. 파도가 해안 갯바위에 부딪쳐 부서지는 소리, 말이 긴 꼬리를 휘둘러 제 엉덩이 찰싹찰싹 내려치는 소리. 우리가 사는 부산은 알면 알수록 목가적인 도시다.

東萊府 五牧場內 談場一處

絶影島 東西十二里 南北七里 馬雌雄六十匹 敬子十三石

吾海也項 周迴四十里 本寺設也

石浦 周迴六十五里在府南四十里 本寺設也

金海府 二牧場 周迴二十五里在府南六十里 本寺設也

金丹串 本寺設也

鳴旨島 愛

南

對馬島

北

東

西

1678년 제작한 〈목장지 도牧場地圖〉의 동래부.
당시 부산에 있던 석포와 영도 등 여섯 군데의 목장이 상세하게 나온다. ⓒ국립중앙 도서관

# 부사와 맞장뜬
## 수사

조선시대 부산에는 거점도시가 두 군데 있었다. 하나는 동래였고 하나는 수영이었다. 동래는 행정중심 도시였고 수영은 군사중심 도시였다. 동래와 수영은 역할이 달랐던 만큼 기관장의 명칭도 달랐다.

부사(府使)와 수사(水使). 동래와 수영의 기관장을 그렇게 불렀다. 동래부사는 오늘날 부산시장이고 수영 수사는 별 두 개의 해군사령관이다. 급은 같았다. 둘다 정3품 당상관이었다.

정3품에는 두 분류가 있었다. 당상관과 당하관이었다. 같은 정3품이라도 당상관과 당하관은 하늘과 땅 차이였다. 임금이 주재하는 어전회의가 열리면 당상관은 당 위에 앉아서 정책 결정에 참여했으나 당하관은 당 아래 서서 정책 과정을 지켜봐야 했다.

관복도 달랐다. 당상관은 관복에 수놓은 학이나 범이 두 마리였고 당하관은 한 마리였다. 문반은 학을, 무반은 범을 새겼다. 정3품 당상관 중에서 문반은 통정대

부라 했고 무반은 절충장군이라 했다. 통훈대부는 통정대부보다 한 끗발 아래, 그러니까 정3품 당하관이었다.

동래부사와 수영의 좌수사는 별 그것 없이 잘 지냈다. 한 사람은 문반으로서, 한 사람은 무반으로서 장래가 창창하던 신분이었다. 같은 급으로서 서로를 존중하며 서로에게 협조하며 조선 사회를 이끌어 나갔다. 그때나 지금이나 좋은 게 좋은 거였다.

수영사적공원의 신응주(申應周) 수사 공덕비.
수영 수사는 정3품 당상관으로 오늘날 별 두 개의 해군사령관이었다.

부사와 수사 사이에 갈등이 없던 것은 아니었다. 같은 급이니 갈등의 소지는 더 많을 수도 있었다. 단지 표면에 드러나지 않았을 뿐이다. 서로가 점잖은 양반 신분이고 언제 어디서 맞닥뜨릴지 모를 일이었으니 그때그때 억누르며 지냈다.

그러나 그들도 사람이었다. 참다가 참다가 터지는 날이 왜 없었겠는가. 능히 그럴 수 있는 일이었다. 그렇긴 해도 중앙정부로선 용납할 수 없는 일이었다. 용납하고 방치했다간 왜와 접한 국경도시 부산에 자칫 큰 구멍이 생길 수도 있었다.

중앙정부는 부사와 수사, 다른 말로는 행정 책임자와 군사 책임자의 불화를 극도로 경계했다. 그것이 표면으로 드러날 지경이면 곧바로 '원 스트라이크 아웃'이었다. 바로 파직해직에서 쫓아냈다. 그런 경우가 많지는 않았지만 더러는 있었다.

그 대표적인 경우가 이문원 부사와 신응주 수사였다. 두 사람은 임용 시기도 비슷했고 옷 벗는 시기도 비슷했다. 둘 다 정조 4년(1780년) 1월 임용돼 한 해도 채우지 못하고서 그해 8월과 9월 각각 해임됐다. 서로 다툰 게 중앙정부 촉수에 걸려 동시에 파직됐다.

발단은 신응주 수사였다. 임용된 그해 6월 조정에 장계를 올려 수영성 지키는 군사를 늘려 달라 청원했고 그대로 시행됐다. 그러자 이문원 부사가 상소를 올렸다. 신응주 수사의 장계가 부당하다는 거였다. 안 그래도 일반 백성은 적고 군사는 많은데 또 차출하면 어쩌느냐는 항변이었다.

이문원 부사의 상소를 어전에서 논한 날짜는 1780년 8월 2일. <정조실록>에 '동래 부사 이문원이 동래 지역 군역, 노군 충정의 폐단과 그 대책을 논하다'라는 제목으로 상세히 나온다. 가만 귀를 기울이면 육성을 직접 듣는 듯하다. 당시의 시대상도 엿볼 겸 직접 들어보자.

동래 부사 이문원이 상소하기를,
"백성은 적은데 군사가 많은 것이 실로 신의 동래부 백성이 보전하기 어려운 단서가 됩니다. 방금 전에 삼가 보았는데, 좌수사 신응주가 장계를 올려 성정군(城丁軍)을 설치할 것을 요청하여 '요청한 대로 시행하라'는 비답을 받기까지 하였습니다. 대체로 좌수영은 변방의 관문을 방어하는 지역이니만큼 성정(城丁)을 더 설치하여 미리 사전의 대비를 튼튼히 하는 것이 매우 좋은 계책입니다. 그러나 본 동래부의 경계는 동서가 30리에 지나지 않고 남북은 80리가 채 되지 않습니다. 이와 같이 좁고 작은 가운데 좌수영과 본부 및 우후(虞候)·여섯 진보(鎭保)가 서로 바라볼 만큼 나열해 있기 때문에 부역에 응하는 일이 중첩되어 아홉 아문(衙門)의 명령에 이리저리 바쁘게 왔다 갔다 하고 있습니다. 아! 저들 백성들이 부역도 이미 지탱하기 어렵지만 군정(軍丁)의 부족한 것에 있어서는 더욱 형편이 없습니다. 원래의 호수는 6천 9백 81호인데, 남자가 1만 5천 1백 78명입니다. 그중에서 노약자와 질병으로 폐인이 된 자 4천 7백 68명과 유교(儒校)·출신(出身)·군공(軍功) 2천 3백 51명을 제외하고 나면 부역에 응하는 실제의 장정은 겨우 8천 19명뿐입니다. 영(營)·부(府)와 6진(鎭)의 교리(校吏) 및 각종 군인의 인원을 합하면 1만 2천 81명이 됨으로 부족한 군정이 4천 22명이나 됩니다. 그러므로 부역을 이중으로 하는 백성이 거의 3분의 1이 넘습니다. 매양 조사하여 메울 때가 되면 수군이 육군을 겸하기도 하고 파발군이 봉화군(烽火軍)을 겸하기도 하는가 하면 어린아이는 나이를 늘려 숫자를 채우고 늙고 병든 사람을 억지로 부역에 나오게 하기도 합니다. 그래서 이제 겨우 반년인데 도망한 숫자가 이미 73명에 이르렀으니, 1년을 통계한다면 그 숫자가 장차 백 명이 넘을 것입니다. 금년도 이와 같고 내년에도 이와 같다면 변을 대비하는 관문의 지역이 이처럼 허술해질 형편에 놓여 있으니, 어찌 놀랍고 한심할 일이 아니겠습니까? 대개 이 수영의 제도에 관한 논의는 '교졸(校卒) 5백여 명의 자손과 다른 관아에서 온 자들을 모조리 성정에 소속시켜서 본부의 역에는 거론하지 못하게 해야 한다'고 하였습니다. 대체로 여기나 저기나 통틀어 인원을 메울 때에 이미 말씀드린 것처럼 군역을 이중으로 치르고 있는데, 이제 또 5백여 명의 자손과 새로 온 자들을 잃어버려 모두 착수할 수 없게 된다면 막판의 폐단이 장차 어떠한 지경에 이르겠습니까? 그리고 또 성정의 역은 다른 역보다 조금 수월하므로 양역(良役)을 회피하려는 무리가 모두 그곳으로 가겠다고 자원할 것입니다. 그러면 신의 동래부의 양역은 장차 날과 달로 줄어들어 10년이 지나지 않아 역을 이중으로 하는 사람까지 하나도 남지 않고 도망가 흩어질 것입니다. 한정이 있는 민정(民丁)을 가지고 전일에 없던 군제를 창설한다면 백성이 원망할 터인데 그 누가 책임질 것입니까? 신의 동래부와 수영은 그 형세가 마치 이와 입술과 같아 실로 수륙(水陸)의 기각(掎角) 형세가 되고 있는데, 의지하고 있는 것은 백성입니다. 그런데 이제 백성의 일신을 영과 부에서 각각 서로가 수탈한다면 동남의 백성의 힘이 이로부터 고갈될 것입니다. 삼가 바라건대, 묘당에 물으시어 내리신 명을 특별히 도로 거두어 변방을 안정하고 백성의 수고를 덜어주는 방도로 삼으소서. (이하 생략)"

아무튼 그랬다. 듣기에 따라선 지역 이기주의
로도 들리지만 기관장의 입장에서 부사와 수
사의 주장은 충분히 수긍할 수 있는 부분이었
다. 한 사람은 국경도시를 지키는 군인의 입장
에서 주장했고 한 사람은 백성의 일상을 돌봐
야 하는 목민관의 입장에서 주장했다. 여기까
진 그럴 수 있는 일이었고 응당 그래야 했다.
더 나은 방향으로 가기 위한 과정이기도 했다.
어떻게 다투었는지는 기록이 없다. 점잖은 양
반 체면에 굳이 그런 것을 기록으로 남기진 않
았을 것이다. 서로의 이해를 구하려고 마련한
회식 자리에서 술상을 뒤집었을 수도 있고 군
인 기질 신응주가 분을 삭이지 못해 멱살을 잡
았을 수도 있다.

사실 신응주는 성정이 급했지 싶다. 친동생 일
화에서 그러한 성정이 엿보인다. 정조 20년
(1796년) 8월 동생 신홍주가 돌다리 효경교(孝
經橋)를 건너다가 떨어져서 다쳤다. 한양 고위
직에 있던 신홍주는 얼마나 화가 났던지 사람
들을 모아 심야에 그 석교를 헐었다. 이 일로
신홍주는 귀양 가고 훈련대장 이한풍은 야금
(夜禁)을 제대로 살피지 못한 죄로 파직된다.
동래부사 이문원과 수사 신응주는 동시 파직
된 이후 어찌 지냈을까? 파직은 됐지만 그리

오래 놀지는 않았다. 신응주의 장계, 이문원의 상소에서 비롯한 불화였고 장계와 상소 그 자체는 오히려 권장할 일이기 때문이었다.

그러기에 두 사람은 이내 복권했다. 파직되던 그해 12월 이문원은 동래부사보다 급이 높은 경상도 관찰사로, 신응주는 해군에서 육군으로 보직 변경해 경상우도 병마절도사로 복귀했다. 병마절도사는 육군사령관을 말한다. 해군사령관은 수군절도사라 했다. 신응주는 나중에 경상도와 전라도, 충청도 삼도의 수군을 호령하는 삼도수군통제사도 지냈다.

부사와 수사. 지금은 아무렇게나 부르는 호칭이지만 조선시대는 입에 함부로 올리지 못했다. 그 앞에선 감히 고개도 들지 못했거늘 어찌 함부로 불렀으랴. 그런 그들도 그 심성만큼은 오늘을 사는 우리와 별반 다르지 않았다. 분하면 다투었고 직에서 쫓겨날 만큼 판을 뒤집었다. 부사와 맞장뜬 수사. 격식을 벗어던진 그들의 모습은 어쩌면 가장 인간적인 면모였다. 인간적인, 가장 인간적인 부사와 수사가 조선팔도 다 알도록 맞장뜬 그들이었다.

〈CORÉE(꼬레)〉 표지

1890년대 경상좌수영이 해체되기 직전 프랑스인이 찍었을 것으로 추정되는 사진들. 사진집 〈CORÉE〉에 실렸다. 좌수사를 비롯한 아전의 복장과 관아 건물의 형태를 엿볼 수 있다. ⓒ프랑스 파리 장식 미술관

# 허허벌판
## 수영

할아버지는 수영본동 토박이셨다. 본적이 수영동 85번지다. 내 어릴 때는 수영동
에 집이 별로 없었고 있어도 고만고만한 초가집 정도였다. 이층집도 있긴 있었지
만 멀리서 봐도 눈에 번쩍 뜨일 만큼 드문드문 있었다.

할아버지 댁은 수영성 근처였고 우리집은 시내였다. 이따금 할아버지 댁에 갈 일
이 있었다. 아버지를 따라가기도 했고 혼자 가기도 했다. 돌로 쌓은 담벼락 바로
앞에 집이 있었다. 지금 생각해 보면 이 담벼락이 수영성 성터였던 것 같다.

할아버지 댁의 마당을 나서면 담벼락 길이 이어졌다. 담벼락에 걸터앉아 민락교
쪽으로 보면 간혹 차들이 다녔다. 그때는 차가 귀하던 시절이었다.

할아버지 댁에서 우리집으로 갈 때는 버스를 탔다. 해운대에서 출발해 충무동까
지 가는 버스가 있었다. 담벼락에 걸터앉아 민락교를 지나는 버스가 보이면 슬
슬 짐을 챙겨 정류소로 갔다.

버스는 수영비행장과 수영해수욕장 사이로 난 길로 왔다. 비행기가 착륙할 때는

저자의 조부모 근영. 조부 김봉희는 수영본동 토박이로 수영의 유지들이 1916년 결성한 '수영기로회'의 공유지분 등기자 34명 중의 한 명이었다. 등기부에는 김현봉으로 돼 있다.

모든 차량이 비행기가 서서히 내려앉을 때까지 운행을 중지했다. 저녁 수영강 갈대밭 사이로 내리는 비행기의 모습은 한 폭의 그림 같았다.

그 무렵 아버지는 시내에서 농약사를 경영하고 있었다. 농약은 지금도 국가 기간 산업이지만 '농자천하지대본' 그 시절엔 더 그랬다. 아버진 대학 졸업 후 농약보국의 각오로 외국계 농약회사에 근무했고 그 경험을 바탕으로 농약사를 직접 경영했다.

아버지 농약사는 중구 동광동 부산데파트 자리에 있었다. 그때는 데파트가 들어서기 전이었고 시장이 있었다. 정식 명칭은 공설동광동시장이었다. 싱싱한 어물을 비롯해 온갖 잡화가 들고나는 박진감 넘치는 재래시장이었다. 시장과 맞닿은 이층 건물에 아버지 농약사가 있었다. 집은 농약사 2층이었다.

해운대에서 시내로 가는 버스는 배차 간격이 꽤 길었다. 그때는 모든 버스가 그랬던 것 같다. 한 대가 지나가면 다음 버스는 하세월이었다. 언제 올지 몰랐다. 그리고 느릿느릿 다녔다. 도로 사정이 그래서 그랬겠지만 천하태평 굼떴다.

그뿐이 아니었다. 정류소에 와서도 금방 발차하지 않고 오래오래 정차했다. 손님이 다 타든 말든 운전사는 담배를 피우며 시간을 죽였다. 그래도 누구 하나 거기에 대해서 토를 달지 않았다. 그 시대는 그랬다.

그러기에 버스를 타려고 일찍 나갈 이유가 없었다. 수영성 성벽 담벼락에 걸터앉아 있다가 버스가 민락교를 지날 때쯤 채비하면 되었다. 버스가 다리를 지나는 게 보이면 집에 가서 짐을 챙겨 수영로터리로 걸어갔다. 거기서 버스를 타고 집으로 갔다.

'1955년경 수영교와 수영비행장.' 수영문화원에서 2016년 12월 펴낸 단행본 <물길 따라 흐르는 수영의 역사>에 실린 이 사진은 그 시절이 얼마나 느릿느릿하고 휑했는지 실제로 보여준다. 어릴 때 할아버지 집에서 봤던 그 풍경이기에 나로선 남다른 사진이다.

사진에 보이는 버스는 달랑 한 대. 다리 이쪽 끝을 막 벗어날 참이다. 자가용도 보이지만 긴 다리에 두 대뿐이다. 하나는 다리 중간에, 하나는 다리 저쪽 끝에 있다. 그만큼 차가 귀하던 시절이었다. 버스는 급할 게 전혀 없는 듯 다리 이쪽 끝에서 더 나아갈 생각을 않는다. 사진을 찍은 1955년경 그때부터 지금까지 무려 65년을 넘게 그 자리 그대로 있다.

수영로터리에서 버스를 타면 그때부터 정신을 바짝 차려야 했다. 소매치기한테

1955년 무렵의 수영교. 다리를 지나가는 버스는 한 대. 다리 오른쪽에는 배 두어 척이 보인다. 저자가 어릴 때 조부 댁에서 봤던 풍경이 이랬다. ⓒ부경근대사료연구소 김한근

1952년 민락동 백산과 수영동 일대. 바로 앞에 보이는 산이 육군 포진지가 있던 백산이다. 사진 왼쪽의 소나무 울창한 언덕은 수영사적공원이다. ⓒ부경근대사료연구소 김한근

언제 어디서 당할지 몰랐다. 그때는 '쓰리꾼'이라 부른 소매치기는 솜씨가 신의 한 수였다. 섬뜩한 면도날을 이용해 눈 깜짝할 사이 지갑이나 주머니를 털고 유유히 사라졌다. 특히 여자들의 그것을 노렸다. 그런 쓰리꾼이 호시탐탐 노리는 먹잇감이 만원버스였다. 버스는 모자라고 사람은 넘치던 그 시절, 모든 시내버스가 만원이었기에 모든 시내버스가 소매치기의 표적이었다고 해도 과언이 아니었다.

솜씨가 좀 모자란 쓰리꾼도 종종 있었다. 버스에서 내려 달아날 때까진 들키지 말아야 하는데 미처 그러기 전에 들키는 경우였다. 뒤늦게 알아챈 피해자가 고함을 지르면 운전사가 발 빠르게 대처했다. 버스 문을 꼭 잠근 채 파출소로 직행했다. 자성대파출소가 버스 노선 도로변에 있어 열에 아홉은 그리로 갔고 천하의

쓰리꾼도 경찰 아저씨의 예리한 눈매에 금방 들통났다.

내 나이 이제 일흔 조금. 지나온 날을 종종 되돌아본다. 살아오면서 무엇을 놓치고 무엇을 잃었는지도 종종 돌아본다. 나름대로 열심히 살았으니 후회는 없다. 그 시절로 돌아갈 수도 없겠지만 돌아가고 싶다는 생각도 없다. 다만 그 시절의 풍경이 그립기는 하다. 성벽에 앉아 내려다보던 허허벌판 수영과 수영강의 다리. 느릿느릿 다니던 천하태평의 버스. 탁 트이고 느긋하던 그 시절의 수영이 새삼 그립다.

# 수영의
# 군부대

수영에는 군부대가 많았다. 1950년 한국전쟁의 여파였다. 적의 침입에 대응하는 실전부대가 있었고 군부대에 보급할 군수품을 생산하는 부대가 있었다. 많기로는 아무래도 후방이다 보니 실전부대보다는 보급창이 많았다.

육군 제33고사포대, 39사단 해안경비대, 제56통신대대, 종합지원단, 제9보충대, 육군측지부대, 육군 제7피복창, 육군 인쇄창, 육군운전연습장, 군차량 보급창, 국군부산통합병원 등등이 수영에 있었다. 수영 인근에는 남구 대연동 혁신도시아파트 자리에 있던 군수기지사령부의 전신인 전군 군수물제원처리실과 제물통제단 그리고 수영강 수영비행장의 전신인 미 제5공군사령부가 있었다.

이들 군부대가 수영에 주둔하던 1950년대와 1960년대 수영은 말 그대로 군사도시였다. 군인이나 군무원이 수영 인구의 절반쯤은 되지 싶었다. 광안리해수욕장 등 관광사업으로 돈을 번다는 것은 꿈도 꾸지 못하던 그 시절, 이들 군부대는 수영의 경제에 큰 힘이 되었다. 여기서 나온 돈이 돌고 돌면서 수영은 선순환했다.

특히 군무원의 영향은 컸다. 군용품을 생산하는 보급창은 그때 최고의 직장이었다. 별다른 직장이 없던 시절이었던 만큼 정해진 날짜에 월급이 꼬박꼬박 나오는 군부대 민간 근무자 군무원은 황금의 직장이었다. 너도나도 거기 들어가려고 줄을 섰고 뒷돈까지 댔다. 특히 여성의 섬세한 손길이 작업의 근간이었던 육군 제7피복창이 그랬다. 동길산 시인이 수영구청 구보 <새수영>에 연재하는 '수영 이야기'에 그러한 정황이 나온다.

> 피복창 근무자는 대부분 여공이었다. 여공이 넘쳐났다. 대우가 좋아서 입사하려면 긴 줄을 서야 했다. 뇌물이나 '빽'을 써서 취직했고 나이 제한에 걸린 어린 소녀는 나이를 속여서 취직했다. 우리나라에 탁아소가 처음 생긴 때는 1962년. 첫 탁아소가 바로 여기 탁아소였으니 근무자가 얼마나 많았고 대우가 얼마나 좋았는지 가늠할 수 있다. 피복창은 도시철도 광안역 1번 출구 해안 방면에 있었다.
> ─ 〈새수영〉 제276호(2020년 2월) '수영이야기 37 ─ 광안시장'에서

시인은 광안시장을 이야기하면서 피복창을 언급했다. 여기에 수영 경제 부흥의 한 단서가 있다. 군부대가 들어서면서 시장이 생길 수 있었다. 민락동 골목시장 역시 그랬다. 군인이야 의식주를 군에서 해결하지만 군인 가족이나 군무원은 생활용품의 많은 부분을 군부대 바깥에서 해결해야 했다. 그래서 군무원이 장을 쉽게 볼 수 있는 출퇴근 길목에 시장이 들어섰고 현재까지 이어지고 있다.
피복창에는 재미있는 일화가 많다. 젊은 군인이 용건이 있어 공장으로 들어가면 미싱을 돌리거나 재단하던 직공들이 일제히 군인을 쳐다봤다. 직공들이 죄다 여자였으니 젊은 군인은 눈 둘 데를 몰라서 쩔쩔매곤 했다. 우스갯소리로 그것 때문에 작업능률이 떨어진다고도 했다. 물건을 빼돌리는 일도 종종 있었다. 피복창 철책엔 이런 경고문이 붙었던 것도 생각난다. '정부 재산에 손대면 쏜다.'
피복창은 신부산교회 앞쪽 옛 무학산업 자리에 있었다. 업무가 업무인 만큼 민

간 군무자가 많았다. 피복창과 마찬가지로 민간 군무원이 많았던 인쇄창은 광안 협성엠파이어 단지 자리에 있었다. 인쇄공창이 본명이었다. 여기서 제작한 인쇄물이 전방으로 보급돼 군과 민간의 소통, 사기 앙양에 큰 역할을 했다. 인쇄창은 육군측지부대와 함께 있었다.

참고로 덧붙이면 민락동 백산 정상엔 육군 제33고사포부대가 있었고 민락동에는 육군운전연습장이 있었다. 운전연습장은 일종의 운전면허 시험장 같은 곳이었다. 군차량 보급창은 좋은강안병원 앞에 있었다.

육군측지부대는 일반인에겐 생소한 부대지만 한국 측량의 지평이 여기서 넓혀졌다. 측지부대는 쉽게 말하면 국토의 산하를 측량하는 부대였다. 이 측량을 바탕으로 해서 적진 침투 전략을 짰고 방어 전략을 수립했다. 1/5,000 육지측량지도를 한국에서 처음 제작한 곳도 육군측지부대였다. 1/5,000 지도는 이후 토지이용계획도의 제작 기반이 되었고 한국 토지개발의 중추가 되었다. 아무리 강조해도 지나치지 않은 부대가 우리 수영에 있었던 육군측지부대였다.

수영은 조선시대 그때도 군사도시였다. 지금도 그때의 군사용어 내지는 군사지명이 남아 있다. '수영'이란 지명 자체가 군사용어이며 좌수영성, 25의용단, 첨이대, 장대골 등등이 군사도시 수영을 증언한다. 역사는 단절하지 않는다. 부단하게 이어진다. 군사도시 수영, 호국도시 수영, 충절의 도시 수영의 맥을 이어받은 게 수영의 군부대였다.

(사진 위) 오른쪽 넓은 공터가 동방오거리에 있던 육군운전연습장이다. 수영에는 군부대가 많았다. 1950년 한국전쟁의 여파였다. 육군 제33고사포대, 39사단 해안경비대, 제56통신대대, 종합지원단, 제9보충대, 육군측지부대, 육군 제7피복창, 육군 인쇄창, 육군운전연습장, 군차량 보급창, 국군부산통합병원 등이 있었다.
(사진 아래) 1952년 민락고개를 넘는 미군 지프차를 따라가는 아이들. ⓒ부경근대사료연구소 김한근

# 지금도 분한
# 그때 그 재판

'원고 청구를 기각한다. 소송비용은 원고의 부담으로 한다라는 판결을 앙구합
니다.'

그때가 2001년 5월이었다. 수영기로회 관계자와 정 아무개 사이의 소송이 부산지
방법원에서 진행 중이었다. 이에 대한 자세한 내용은 2021년 2월 펴낸 졸저 <수영
25의용 - 정방록을 찾다>에 상세히 적어 두었다. 25의용은 임진왜란 7년 동안 왜
군에 맞서 게릴라전을 펼쳤던 수영의 영웅 25인을 말한다.

소송은 부동산 소유권 이전등기 청구사건에 관한 거였다. 수영구민이 공동으로
소유하던 공유재산인 수영기로회 건물과 대지를 정 아무개가 부당하게 취득했
으니 이를 원상태로 돌려달라며 수영구민이 주축이 된 179명이 공동으로 낸 소
송이었다.

수영기로회는 일제강점기인 1916년 결성했다. 친목 도모를 내세웠지만 그건 그
냥 하는 말이었다. 일제가 까탈을 부리는 바람에 중단될 위기에 처한 25의용 제

사를 이어 가기 위해서 내세운 허울에 불과했다. 실제론 일제의 강점에 비분강개한 수영 토박이, 수영 어른들의 조직적 반일 저항이고 독립운동이었다.

수영기로회는 출범 후 대지와 건물을 동래군 남면 남수리 141번지에 마련했다. 비용은 기로회 취지에 찬동한 이들이 갹출했다. 회원은 서서히 늘어났다. 태평양전쟁이 발발하면서 일제의 탄압이 극심해지자 지분을 분명히 할 필요가 생겼다. 그리하여 1942년 수영기로회를 34명 공유지분으로 이전등기하게 된다. 34명 중에는 나의 조부 김봉희도 있다. 등기부에는 김현봉으로 돼 있다.

공유지분 등기자 34명에는 비하인드 스토리가 있다. 애초 33명으로 계획을 잡았다가 한 명 늘어나 34명이 되었다. 33은 일제로선 극도로 민감하게 반응하는 숫자였다. 기미년 삼일운동 민족대표가 33명이었다. 수영기로회 역시 반일감정과 독립정신을 담아 33명으로 하려다가 한 명 늘어나게 되었다. 극에 다다른 일제의 탄압을 피하려는 고육지책이었겠지만 군사도시이자 충절의 도시인 수영에 면면히 이어져 오는 민족정신의 발로이며 소리 없는 독립운동이었다고 할 수 있다.

그런 내력을 가진 수영기로회 재산을 외지에서 온 불한당이 가로채 버린 것이었다. 공유재산이다 보니 명도소송은 불리했다. 자기 것처럼 특별히 관리하는 사람이 없었기에 그 틈을 비집고 들어와서 등기를 이전했던 것이다. 참으로 가당찮은 일이었다. 지금도 그 일을 생각하면 속에서 천불이 날 지경이다.

가만히 있을 수 없었다. 내가 직접적으로 얽힌 일이 아니라고 내버려 둘 수도 없었다. 하지만 5년 넘게 끌었던 재판의 결과는 우리의 노력, 우리의 기대와는 정반대였다. 나를 비롯한 179명의 패소였다. 어떻게 이럴 수 있나 싶었다. 사필귀정이란 기대감이 컸기에 도저히 받아들일 수 없었다. 법원 선고가 있던 날 법정에 가서 선고를 지켜본 수영의 원로 일고여덟 분은 다들 장탄식을 토했다. 어떻게 이럴 수 있느냐며 이구동성으로 이야기했다. 허탈했고 분했다. 잘하면 승소할 수 있다는 기대감이 컸기에 더욱 그랬다.

재판에 각별한 공을 들였던 나는 더더욱 허탈했고 더더욱 분했다. 내가 재판에 공을 들였던 이유는 두 가지였다. 수영 토박이로서 수영의 공유재산을 지키겠다는 각오가 그 첫째였고 부정하고 부당한 방법으로 이득을 취하는 세상에 경종을 울리겠다는 게 그 두 번째였다.

무엇보다 수영기로회는 선친의 분신과도 같았다. 선친은 몇 대째 수영 토박이로서 수영의 역사와 전통에 남다른 자부심을 갖고 있었다. 사업으로 일가를 이루고 부를 쌓자 지역 봉사에도 적극 나섰다. 수영기로회는 만 60세가 되던 1985년 가입했다. 동년배로선 유일했다. 이것만 봐도 기로회에서 아버지를 어떻게 여겼는지, 아버지가 기로회에 가입하기 이전에도 지역 봉사에 얼마나 헌신적이었는지 짐작할 수 있다.

그러기에 수영기로회를 반드시 지켜내야 했다. 그 몇 년 전인 1997년 아버지가 과로사로 돌아가셨기에 더욱 그랬다. 수영의 어른을 중심으로 대책위를 꾸렸고 변호사를 선임했으며 법정에 제출할 각종 답변서와 각종 자료를 작성했다. 선고 직전에 열린 공판에서 판사로부터 '만약 승소하면 이 부동산을 어떻게 할 것인가?'라는 질문을 받을 때는 '아, 이길 가능성이 있구나!' 그런 안도감까지 들었다. 그런데도 패소였다. 그에 앞서 수영신협 박한상 이사님과 원로 몇 분은 나에게 이런 말씀까지 했다. "만약 승소하게 되면 자네가 그 땅에 수영의 향토 전시장이나 박물관을 설립해 보게." 심적으로 많은 부담을 안긴 말씀이었지만 막상 패소하고 보니 전시장이나 박물관 지을 땅을 빼앗긴 것 같아 분했다. 그분들은 내 등을 다독이며 위로했지만 결코 위로가 되지 않았다. 지금도 이렇게 허탈하고 분한데 그때는 오죽했을까.

허탈하고 분한 심정을 잠시 누르며 그때 판사의 질문 중에서 '만약 승소하면 이 부동산을 어떻게 할 것인가?'라는 질의에 대한 답변서인 <수영공익사업 활용에 관한 구체 계획서>를 여기 옮긴다. 재판을 지켜봤던 수영 원로들의 자문을 받아 작성해서 법원에 제출한 계획서를 여기 옮기는 첫째 이유는 기록으로 남겨서 한 사람이라도 더 알았으면 하는 바람이고, 둘째 이유는 '다시 천고(千古)의 뒤에/ 백마(白馬)타고 오는 초인(超人)이 있어' 이 모든 부정과 이 모든 부당과 이 모든 불합리와 이 모든 비상식이 바로잡혔으면 하는 바람이다.

1994년 8월의 수영기로회 사무실.
수영사적공원 정상 언저리에 있던 이 사무실은 사적을 정리하면서 철거되었다. ©김종수

# 수영공익사업 활용에 관한 구체 계획서

수영구 노인종합복지회관 추진

## 1. 설립 계획의 배경

① 1916년 설립 당시 수영기로휴식소의 모임은 동래군 남면 전체 노인들의 휴식소로 출범(우동, 좌동, 재송동 등 현 해운대구도 상당 포함).

② 기로휴식소 규칙 서문에 경로사상, 상호부조(단결심), 도덕심 앙양 등을 강조하면서 후손들에게 기로휴식소 영구 보존을 당부.

③ 기로휴식소 규칙 서문 공표 때가 1919년 기미년 독립운동 2개월 뒤인 1919년 5월임. 당시 738명의 기로휴식소 찬조금 기부자는 민족정신운동에 서명한다는 뜻이 내포되어 있음. 기로휴식소를 34명 공유지분으로 이전등기하게 된 1942년은 태평양전쟁이 발발한 직후 일제 탄압이 극심한 때이며 지분 공유자 34명으로 한 것도 독립선언문 33명과 유사성이 있음. 유추하면 수영기로휴식소는 선조들의 민족정신 발로이며 소리 없는 독립운동이라 할 수 있음.

④ 수영구 내에 65개의 경로당이 있으나 기로종합휴식소가 없어 수영 고령노인 박덕오 씨, 강맹희 씨, 유재준 씨 등 여러 명이 옛날 수영기로휴식소의 뜻을 받들어 종합복지회관 설립을 추진한 바 있으나 부지 마련을 못해 좌절된 바 있음.

⑤ 우리 후손들인 피고는 수영기로휴식소를 영구 보존하라는 선조들의 당부를 지켜야 하는 의무 상속자이자 재산권 상속자라고 볼 수 있다. 일제시대에도 빼앗기지 않은 기로휴식소를 미국인(미국 영주권자 한국인) 원고 000에게 파손당하고 이제는 땅마저 빼앗길 수는 없다. 따라서 원고와 피고 할 것 없이 모두가 수영기로휴식소 등의 공익사업 활용에 동참하는 것이 마땅한 도리라고 사료됨.

## 2. 계획 추진방법

① 수영구 종합기로복지회관(가칭) 추진위를 구성한다.

② 구성회원은 향토민 희망자, 수영구 관련단체, 공유지분 후손 등으로 구성한다. 부산시와 수영구청 등 관련 관공서와 협의·지원도 받는다.

③ 재판부의 적절한 조정 또는 판결이 이루어진다면 본소 기로소 재산을 공익사업 활용이 증빙될 때까지 법원에 공탁하고 복지회관법인이 설립되면 복지회관에 당연 헌납한다.

2006년 5월

피고 김응문, 김종수, 이혜신 등

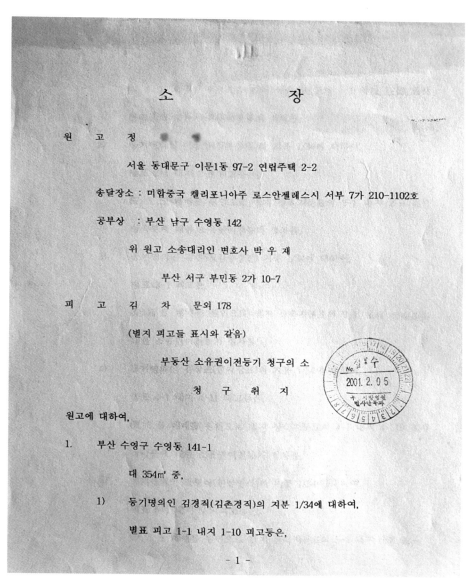

수영기로회 소유권 이전등기 청구 소장(표지)

# 한바탕 굿마당

수영사적공원 일대는 무속인이 많이 산다. 부산에서 가장 많은 것으로 안다. 간판이 있는 무속인과 간판이 없는 무속인, 그리고 철학관까지 합치면 100군데 이상이 되지 않을까 싶다. 점집이나 철학관을 기웃대는 젊은 남녀가 틈틈이 보이는 걸 보면 영험하기로 꽤 소문이 난 것 같기도 하다. 전국 무속인 민속경연대회 같은 관광 상품을 만들면 좋겠단 생각도 가끔 한다.

무속인은 왜 많을까? 내 생각엔 이 일대의 기가 드세기 때문인 것 같다. 아는 사진작가 한 분에게 들은 이야기다. 한번은 공원에 있는 소나무를 종일 사진에 담는데 한밤중이 되자 뭔지 모르게 무서운 기운을 느꼈다고 한다. 특히 400년 곰솔나무에서 그런 느낌을 부쩍 받았다고 했다.

빈말은 아닐 것이다. 나 역시 그런 기운을 느낄 때가 많았다. 무섭다기보다는 무거운 기운이었다. 어릴 때는 설날이나 보름날이면 아버지와 함께 수영사적공원 사당인 수영고당을 찾았다. 옮기기 전의 수영고당은 400년 된 곰솔나무 아래 있

수영사적공원에 있는 천연기념물 제311호 푸조나무. 500년을 훌쩍 넘겼다. 수영 푸조나무는 수영에 살았던 이들의 영혼과 얼굴이 스민 신령스런 수호목이다.

었다. 그때는 수영향우회가 제사를 지내기 전이라서 아버지가 사당 문을 열어 청소하거나 정리 정돈했다. 문을 여는 순간 사당 안에 고여 있던 무거운 기운이 나에게 엄습하곤 했다.

수영고당은 수영사람의 자긍심이었다. 조선 수군이 가장 중요시하고 신성시했던 독기를 모신 곳이며 일제강점기 왜놈 군인에게 대든 송씨 할머니를 모신 곳이기 때문이다. 아버지는 수영에 대한 자긍심으로, 그리고 향토애로 수영고당의 관리자 아닌 관리자가 되었고 아버지가 돌아가신 이후부터는 내가 그 역할을 맡았다.

수영고당 문을 열고 정리 정돈하다 보면 창문 사이로 젊은 남자 사진이 자주 보였다. 아마도 중동 등지의 해외파견자나 선원, 군대 입대자 사진이었지 싶다. 수영사적공원은 기가 드세고 사당엔 신기가 있다고 알려져 있었다. 문이 잠겨서 들어가지는 못하니 창문 사이에 사진을 두고 그들의 안녕을 빌었던 모양이다. 그런 사당을 아버지와 함께 돌본다는 게 내심 뿌듯하고 흐뭇했다.

**수영사적공원 푸조나무의 이 얼굴 저 얼굴**

수영사적공원 푸조나무는 천의 얼굴을 가졌다. 여기서 보면 왜군에 맞선 조선 수군의 얼굴이고 저기서 보면 바다
에서 돌아오지 못한 지아비를 기다리는 여인의 표정이다. 푸조나무가 지어내는 천의 얼굴을 들여다본다.

나는 재한이가 내 아들로 온 것도 수영고당 덕분이라고 믿는다. 수영고당에 가서 수시로 빌었고 마침내 뜻을 이루었다. 아버지가 어린 나의 손을 잡고 수영고당을 찾았듯 나 역시 어린 재한이 손을 잡고 수영고당을 찾았다. 그럴 때면 훗날 재한이도 그랬으면 좋겠다고 생각했다. 할아버지가 그랬듯 아버지가 그랬듯 재한이가 어린 아들의 손을 잡고 수영사적공원 사당을 돌봤으면 했다.

수영사적공원 일대는 왜 기가 셀까. 내 생각엔 옛날 해군사령부가 여기 주둔했기 때문이 아닐까 싶다. 수영은 조선시대 수군이 주둔하던 곳이다. 그들은 돌담으로 성을 쌓고 부산 앞바다를 지켰다. 수상한 낌새가 보이면 수시로 출동했을 것이며 호시탐탐 해안가 마을에 들이닥치던 왜구와 교전도 적지 않게 벌였을 것이다.

수군은 출동하기에 앞서 우람한 나무를 우러러보며 무사귀환을 빌었다. 그 나무가 수영사적공원의 곰솔나무다. 그래서 수영사람은 이 곰솔을 군신목(軍神木)으로 떠받든다. 어민들 역시 그랬을 것이다. 곰솔을 우러러보며 풍어와 무사귀환을 빌었을 것이다. 사실 조선시대 그때는 어민이 곧 수군이었고 수군이 어민이었기에 수영사람 모두가 곰솔을 떠받들었다고 보면 된다.

바다는 지금도 위험하지만 조선시대는 더 위험했다. 배가 모조리 목선이었다. 강철로 만든 현대의 배도 난파하고 침몰하거늘 목선은 오죽했겠는가. 바다에서 돌아오지 못한 영혼은 부대가 있고 집이 있는 수영을 맴돌았으리라. 더구나 수영성은 임진왜란 학살의 현장이었다. 성을 함락한 왜군은 조선의 군인은 물론이고 양민을 학살했다. 사적공원 지하에는 지금도 숱한 원혼이 묻혀 있다고 생각한다. 그래서 수영사적공원을 경건하게 모셔야 한다는 게 내 지론이다.

천연기념물인 수영성 푸조나무도 유심히 봐야 한다. 언젠가 지인이 드론을 이용해 수영사적공원 곳곳을 촬영할 때 동행하면서 느꼈던 일이다. 수령 500년의 이 나무는 위에서 내려다보면 여기저기 조선 수군의 형상을 하고 있다. 여기서 보면

수영사적공원 주변의 점집. 조선의 수군이 주둔했던 수영에는 바다에서 돌아오지 못한 원혼이 숱했다. 그런 이유로 옛날부터 점집이 하나둘 들어섰을 것으로 추정한다.

장군의 상(像)이고 저기서 보면 사병의 모습이다. 조선 수군의 영혼이 나뭇가지마다 이파리마다 스며든 것만 같았다. 25의용의 영혼인들 이 나무에 스며들지 않았을까.

오늘도 수영사적공원 사당을 찾았다. 대개는 지름길인 남문으로 가지만 오늘은 빙 둘러서 수영성 북문 자리 쪽으로 갔다. 역시나 군데군데 점집이 보이고 철학관이 보인다. 맨 앞에도 언급했지만 곳곳이 점집이고 곳곳이 철학관인 수영의 드센 기를 살려서 전통민속문화 자산으로 내세우면 어떨까 싶다. 수영이 조선의 바다를 지키던 호국성지였음을 대외에 각인시키면서 조선의 바다를 지키다 산화한 원혼을 달래는 굿마당 한바탕을 열어 보자. 굿을 경원시하는 이도 적지 않겠지만 굿을 민속문화의 한 갈래로 받아들이는 열린 마음이 필요해 보인다.

# 민락골목시장
# 우물

민락골목시장은 민락동을 대표하고 수영구를 대표하는 재래시장이다. 부산을 대표하고 한국을 대표하는 민락 횟집거리가 바로 앞이고 광안리해수욕장이 바로 옆이라서 미래 가능성 내지는 확장성이 대단히 크다.

나는 이 시장의 산 역사다. 골목시장이 생기기 이전부터 민락동에 살았고 골목시장이 생기고 난 이후에도 민락동을 벗어난 적이 없으므로 이 시장과 나는 평생지기라고 해도 과한 말이 결코 아니다.

민락골목시장의 역사는 명칭에 그대로 나타난다. 처음부터 시장은 아니었고 처음엔 그냥 골목이었다. 수정해야겠다. 처음부터 골목은 아니었고 그냥 좁은 길이었다. 골목이라면 골목길 양쪽에 늘어선 집들이 전제돼야 하는데 그땐 그냥 밭일색인 허허벌판에 가로놓인 길에 불과했다.

나는 어릴 때부터 이 길을 지나다녔다. 집이 있는 백산의 농장에서 해수욕장으로 가려면 이 길을 지나야 했다. 놀이시설이라곤 없던 소싯적엔 내가 '한 해수욕장' 했으므로 이 길은 눈금 보듯 훤했다. 어디쯤에 돌부리가 튀어나왔고 어디쯤에 개미집이 있는지 나만큼 아는 사람이 없었다.

그런데 어느 날부터 아낙이 여기서 전을 펼쳤다. 여기에 자리 잡고서 밭작물이나 해물을 팔았다. 처음엔 한 분이더니 서서히 늘어났다. 내가 눈금 보듯 훤했던 길은 군부대 군무원들의 출퇴근길이기도 했다. 이 주위 군부대에 근무하는 민간인을 상대로 땅바닥에 펼쳤던 전이 최초의 민락골목시장이었다.

그 당시 수영구 일대는 군부대가 많았다. 1950년 한국전쟁이 나면서 수영구는 조선시대 수영이 그렇듯 군사도시가 되었다. 민락동은 동방오거리에 육군운전연습창이 있었고 길 건너 광안초등학교와 한바다중학교 자리에 육군피복창이 있었다. 육군이 입을 옷을 만드는 피복창엔 여성이 많았다. 그 여성들을 바라보고 최초의 민락골목시장이 섰다.

그러다 일대 변화가 들이닥쳤다. 여기에 현대식 주택이 지어졌다. 이층, 삼층은 없고 모두 단층이었다. 한두 채가 아니었다. 허허벌판이던 곳에 다닥다닥 붙은 현대식 주택이 하루가 다르게 늘어났다. 장관이었다. 그때가 1960년대 초였고 나는 10대였다. 어린 마음에도 참 대단했다.

집이 얼추 지어지자 입주가 시작됐다. 입주민은 모두 이북 피란민이었다. 한국전쟁 때 월남해 시내 산복도로 같은 데서 모여 살던 이북 피란민이 여기에 이주해 살게 했다. 소위 정책이주였다. 확장일로에 있던 부산이 현대화되는 과정에서 추진한 거시적 도시계획의 일환이었다.

집은 모두 단층이었지만 평수는 달랐다. 3평짜리도 있었고 5평짜리, 7평짜리도 있었다. 지금도 사는 형편에 따라 평수가 다른 아파트를 분양받듯 그때도 입주민 형편에 따라서 평수가 달랐다. 사람 사는 모습은 그때나 지금이나 별반 다르지 않은 것 같다. 세상 어딘들 다르겠나 싶기도 하다.

시장도 판이 커졌다. 집이 기하급수로 늘어나고 사람은 집보다 몇 배 기하급수

민락골목시장 돈벼락우물

로 늘어났으니 시장이 커지는 건 지극히 당연했다. 이미 자리 잡고 있던 기존의
아낙에다 토박이들이 가세했고 생활력 강한 이북 사람들이 한둘 가세했다.

시장은 따로 없었다. 사람이 오가는 통행로가 시장이었다. 현대식 주택 사이로
기다랗게 이어진 길을 따라 시장이 형성됐다. 그러니까 시장 양쪽이 주택이었다.
통행로와는 별도로 골목길이 곳곳에 있었다. 통행로에서 왼쪽이나 오른쪽으로
꺾으면 골목길이었다. 지금은 그때의 통행로가 골목이 되었지만 그때는 통행로
와 골목이 별개였다.

우물은 정책이주 주택을 지을 무렵 생겼다. 수돗물이 들어오지 않을 때라서 우
물이 수돗물을 대신했다. 식수며 세숫물, 허드렛물이 모두 우물에서 나왔다. 집
이 많았고 넓게 퍼져 있었으므로 우물도 많았다. 나는 일일이 세어보진 않았지
만 골목시장 상인회장 말을 들어보면 13군데나 있었다고 한다.

13군데나 되는 우물은 여기 살던 이들의 생명수였다. 집 가까운 우물에서 새벽
이고 야밤이고 길은 물이 있었기에 하루를 시작할 수 있었고 피란민 고된 일상

민락골목시장 모락모락우물                    민락골목시장 다락우물

을 견딜 수 있었다. 1970년대와 1980년대에 걸쳐 민락동에 수돗물이 들어오면서 우물은 서서히 일상에서 멀어졌지만 우물에 대한 기억 내지는 고마움은 두고두고 간직해야 하는 이유다.

지금도 우물은 남아 있다. 고마운 일이다. 셋이나 되는 우물을 보면 안다. 우물을 보는 순간 누구라도 감탄사가 나오고 누구라도 우물을 들여다보게 된다. '아직도 이런 우물이 있나' 놀라는 표정을 짓곤 한다. '아직도 이런 우물이' 있는 숨은 명소가 내가 사는 민락동의 골목시장이다.

우물은 자존심이 세다. 아무한테나 자기를 내보이지 않는다. 시장에 대한 애정이라곤 없이 쓱쓱 지나치면 절대 뜨이지 않는다. 진열대에 놓인 이 물건 저 물건 집어도 보며 장바구니에 담아도 보며 관심을 보이고 애정을 보여야 한 번 보여줄까 말까다. 광안해수욕장까지 왔으면, 민락 횟집거리까지 왔으면 여기 골목시장은 둘러보고 가는 게 이북 피란민의 애환이 스민 골목시장에 대한 예의고 여기 우물에 대한 예의다.

# 부산의 뿌리
# '망미동' 1

수영구는 역사의 도시답게 곳곳에 우물이 있다. 우물은 집집마다 수돗물이 들어가기 훨씬 이전인 그 옛날부터 누대에 걸쳐 지역민의 식수로 쓰였기 때문이다. 그래서 오래된 도시에는 오래된 우물이 있고 우물의 역사는 그 지역의 역사가 되기도 한다.

역사의 도시 수영에서 가장 오래된 우물은 단연 망미동 병무청 우물이다. 부산시립박물관 발굴로 드러난 사실이지만 망미동 우물의 역사는 통일신라로 올라간다. 조선도 아니고 고려도 아니고 무려 신라다. 발굴을 통해 통일신라로 추정되는 우물 넷을 확인했고 보존상태가 양호한 둘을 병무청 주차장 뒤편에 이전, 복원했다.

신라 우물이 여기 있다는 것은 무엇을 뜻하는가. 망미동 일대가 그때 이미 사람의 마을이었다는 이야기다. 우물은 한두 사람이 아니라 다수가 이용하는 공공의 성격이 짙었기에 이 일대가 그 옛날부터 집단 거주지였다는 방증이 병무청

망미동 병무청 주차장 뒤편에 있는 우물. 조선시대 이전에 있던 망미동 동래 고읍성 자리를 발굴하면서 통일신라로 추정되는 우물 4기가 나왔다. 그 우물을 복원했다.

우물이다.

망미동이 집단 거주지였다는 사실은 옛날 지도에서도 알 수 있다. 옛날에 제작한 거의 모든 지도, 예컨대 1700년대 중반에 제작한 '해동지도', '여지도', '지승', '영남지도' 등 숱한 고지도가 망미동 한복판에 성이 있었음을 밝힌다. 망미동 일대가 성을 세워서 지켜야 할 만큼 부산의 요지였다는 이야기다.

옛날 지도만 그런 게 아니다. 이삼 백 년 이전에 관청에서 발간한 부산의 백서인 <동래부지(東萊府誌)>도 여기에 '서·동·남쪽은 돌로 쌓았고 서북은 흙으로 쌓은 둘레 4,431척'의 큼지막한 성이 있었다고 밝힌다. 그러면서 백서를 발간할 무렵에는 '무너졌다'며 아쉬워한다. 원문은 다음과 같다.

재해운포수영 서동남석축 서북토축 주사천사백삼십일척 금퇴이

在海雲浦水營 西東南石築 西北土築 周四千四百三十一尺 今頹圯

부산시립박물관 발굴은 2003년부터 2005년에 걸쳐 이뤄졌다. 이 발굴을 통해 통일신라로 추정되는 성터와 배수로, 제방, 그리고 우물 4기가 세상에 알려졌다. 그리고 그보다 더 중요한 사실은 망미동 일대 성터가 조선시대 동래읍성의 전신이었다는 것이다. 여기 있던 성이 지금의 동래로 옮겨 동래읍성이 되고 여기 있던 원래 성은 동래고읍성이라 불렸다. 이러한 정황은 발굴이 마무리된 후 부산박물관이 세운 병무청 우물 안내판에도 나온다.

> 동래고읍성은 신라 경덕왕 16년(757년) 거칠산군을 동래군으로 이름을 고칠 때의 중심 치소(治所)로 당시 동남해안 일대에 자주 출몰한 왜구의 침략으로 인하여 고려 말에 현재의 동래 지역으로 치소를 옮길 때까지 사용하였던 읍성이다.

그러니까 망미동은 동래 이전의 동래였다. 지금의 동래가 수영강 동쪽에 조성되기 이전 부산의 동래는 수영강 서쪽 망미동 일대였다는 역사적 사실이 부산박물관 발굴로 밝혀진 셈이다. 이러한 역사적 사실을 우리 사회가 무리 없이 수용할 수 있다면 새로운 가설의 제시도 가능하겠다.

부산을 대표하는 성씨인 동래 정씨의 발상지에 대한 가설이다. 고려 때 생긴 동래 정씨 발상지가 지금의 동래가 아니고 망미동이 아닐까 추론할 수 있다. 동래 정씨 시조로 알려졌던 정문도 공의 묘소가 망미동에서 일직선 거리인 양정 하마정에 있는 이유가 이로써 설명이 되며 정문도 공의 증손자인 고려가요 '정과정곡'의 시인 정서가 동래로 유배 와서는 지금의 동래 쪽 수영강변이 아닌 망미동 쪽 수영강변에 정자를 지은 이유가 이로써 설명이 된다.

조선시대 내내 지금의 동래가 부산의 중심지였듯 그 이전 부산의 중심지는 망미동이었다. 유장하게 흐르는 수영강과 대해로 나아가는 바다와 맞닿은 망미동 일대는 그 옛날부터 사람이 거주하기에 좋은 조건을 두루 갖춘 삶터였다. 호조건

2022년 4월 23일 부산 수영의 오래된 성을 연구하는 수영고성연구회 발족 기념세미나에서 '부산의 뿌리, 망미동'이란 주제로 발표하는 저자. 부경대 사학과 이근우 교수와 공동대표를 맡고 있다.

을 두루 갖춘 삶터를 찾아서 사람이 모였으며 자연스럽게 지역의 중심이 되었다. 망미동이 부산의 중심이었다는 사실은 망미동의 또 다른 성터에서도 입증된다. 망미동과 연산동 경계인 배산[254m] 정상부에 있는 배산성(盃山城) 성터가 그 것이다. 6, 7세기 출토 유물로 미루어 동래고읍성과 비슷한 시기에 역할을 했을 것으로 추정되는 배산성은 수영강과 수영 앞바다를 한눈에 내려다보며 부산을 지키고 부산의 중심지 망미동을 지켰을 것이다.

망미동 동래고읍성은 위치상으로도 이 일대 성의 중심이었다. 연대는 달랐지만 동래고읍성을 중심으로 위쪽에 배산성이 있었고 아래쪽에 수영성이 있었다. 그 리고 수영강 너머에 동래읍성이 있었다. 만약 수영강 이쪽 세 군데 성이 모두 복원된다면 동래고읍성은 그 중심이 될 것이다. 지금 동래에 있는 읍성을 포함해 부산 도심에 있는 성의 중심, 부산 도심에 있는 성의 뿌리가 지금 우리가 사는 망미동에 있던 동래고읍성이다.

감히 제안하고 싶다. 수영강을 낀 이곳저곳 부산 도심의 성을 우리 시대에 복원해 보는 건 어떠냐고. 원형까지는 아니더라도 최대한 복원해 국경도시, 충절의 도시 부산의 상징으로 부각시켜 보는 건 어떠냐고. 쉽지는 않겠지만 학계와 관계 기관, 시민사회가 뜻을 한데 모아 시도해 볼 필요는 있다고 본다. 그것은 부산을 지키느라, 부산에 살았던 우리의 선조를 지키느라 갖은 상처를 입은 옛날 성에 대한 답례이면서 부산의 뿌리를 찾는 일이기도 하다. 그 중심에 망미동이 있다.

▶ 동래고읍성이 있던 망미동 병무청의 현재 모습〈사진 위〉과 1950년 10월 촬영한 망미동과 수영동 일대 항공 사진. 망미동에는 고읍성이 있었고 수영동에는 좌수영성이 있었다. 수영동에 보이는 사각형 공터는 광안동으로 옮기기 이전 여기 있던 수영초등학교다.

©박영표

# 부산의 뿌리
# '망미동' 2

망미동은 왜 망미동일까. 두 가지 설이 있다. 고려 임금의 동서인 정서(鄭敍)가 모함을 받아 여기서 귀양살이를 하면서 매달 초하루와 보름날 상감 계신 북녘을 바라보며 절을 한 데서 유래했다는 설이 그 하나다. 바라보다 망(望)과 절대지존 상감을 뜻하는 미(美)가 합쳐서 망미가 되었다고 풀이한다. 두 번째 설은 산 이름에서 연유한다. 이 지역에 있는 망산(望山)과 배미산(盃美山)에서 망미가 유래했다는 설이다.

망미동에는 예부터 부족국가가 있었다. 가장 오래된 부족국가 중에서, 수영을 대표하는 향토사학자 최한복(1895~1968) 선생의 표현을 빌리자면 '최고전신(最古前身)'이 장산국(萇山國)이었다. 내산국(萊山國)이라고도 했다. 장산국은 해운대 등을 아우르는 넓은 개념이었고 망미동은 장산국의 작은 부족이 집단을 이룬 소장산국이 있었던 것으로 최한복 선생은 단언한다.

이후 시대가 발전하고 변천하면서 소장산국은 소멸한다. 소멸의 이유는 신라의 장산국 침공이었다. 신라는 부족국가 장산국을 쳐서 군(郡)을 두었다. 칠산군(漆山郡) 또는 거칠산군(居漆山郡)이 그것이었다. 거칠산은 '거칠뫼'로 황령산을 이른다. 거칠산군이 이후 동래가 되었다. 신라 경덕왕 16년(757)부터 동래로 지명을 바꾸고 현을 두었다. 봉래라고도 했다.

최한복 선생은 자신의 저서 <수영유사>에 이 무렵의 정황을 이렇게 표현한다.

> 서부 평원 일대에 현부(縣部)가 신설되어 서북은 산록(山麓)이 병립(屛立)하고 동은 하천이 장류(長流)하여 삼각주(三角洲)를 이루고 바다에 들어가며 남부 부산까지 대해를 연하여 어염(魚鹽)이 족하며 평야가 광활하여 농산이 부(富)한지라.

현부의 명칭은 봉래현(蓬萊縣)이었다. 현이 들어서자 현감이 부임해 행정을 장악했다. 외적을 방어할 요량으로 쌓은 타원형 성벽이 6km에 달했다. 최한복 선생은 성벽을 '순 흙'으로 쌓았다 기록했고 1740년 발간 <동래부지>는 '서·동·남쪽은 돌로 쌓았고 서북은 흙으로 쌓았다. 둘레는 4,413척'이라 기록했다. 처음에는 흙으로 쌓았다가 후대로 가면서 돌로 대체했을 가능성은 충분하다.

'순 흙'으로 쌓은 성은 각각의 방위에 성문을 두었다. 서문은 망미동 870번지, 북문은 망미동 640번지, 남문은 광안동 937번지에 있었다. 관청 밀집지 관가(官街)도 두었다. 국군종합병원 자리가 거기였다. 북으로는 옥성곡(獄城谷)이 있었고 동북으론 새양곡(谷)이 있었다. 망미1동 445번지 옥성곡은 옥사(獄舍)가 있어서 얻은 지명이고 망미1동 537번지 새양곡 혹은 시양곡은 서당이 있어서 서당골로 불리다가 음이 변해 새양골이 되었다.

<수영유사>에는 나오지 않지만 망미동 일대에는 이 밖에도 구락리, 오옹건니, 조치막, 톳고개 등의 지명이 있었다. 망미2동 수영강변 구락리(鷗樂里)는 이 지역 대표 지명이었다. 옛날 지도에도 등장한다. 망미2동 4-7번지 오옹건니는 고려 때

이곳에 유배 와서 오이밭 일구며 지낸 정서를 '오이 할아버지'라고 한 데서 유래
했다는 등의 설이 있다. 망미1동 815번지 조치막은 조니골이라고도 한다. 옛날에
음식을 조리하던 곳이었다. 톳고개는 옛날 지도에 토현(兔峴)으로 나온다. 토끼
고개란 뜻이다. 토현과 망미동 토곡은 일란성 쌍둥이라고 보면 된다.

여기에 사람이 마을을 이루어 성을 쌓고 옥성곡이니 새양곡이니 하는 지명까지
지은 때는 언제일까. 자료가 부족한 탓에 구체적인 연대는 알 수 없다. 최한복 선
생의 표현을 또 빌려서 현대식으로 풀이하면 이렇다.

> 연대가 상세치는 못하나 모든 유물과 유적을 참고하여 보면 허다한 옛 무덤에서
> 발굴된 유물이 신라 자기(磁器)이나 무덤의 양식은 고려 양식이다. 자기는 선조
> 의 사용 기물(器物)을 물려받았고 사용한 시대는 고려시대가 분명하다.

최한복 선생이 쓴 이 문장은 방점이 고려시대에 찍혀 있다. 수영구 망미동에 고
려시대까지 외적을 막는 성이 있었고 지금의 동래로 옮기기 이전까지는 망미동
이 부산의 중심, 부산의 뿌리였다는 것을 강조하기 위한 의도였다. 그것을 증명
하려고 내세웠던 것이 고분 출토 유물이었다. 그러나 그것만으로 부족했던지 다
른 사례를 하나 또 든다. 고려 말 최영 장군과 선산 김씨 가보다. 이 사례를 통해
망미동에 고려 말까지 부산의 최고위 행정관청인 현(縣)이 존속했다는 역사를
증명하고자 했다. 해당 대목을 현대식으로 풀이해 인용한다.

> 현 수영 동문 바깥에 최영 장군을 기념하여 지금까지 향불이 끊이지 않으니 장군
> 은 여말 이성계와 동시대 무반이라 동남해 어민에게 왜구의 침해가 막심하여 최
> 영 장군의 혜택으로 왜구를 멸하고 주민을 구제하신 공덕을 기념함이오. 선산 김
> 씨 가보에 김가행(金可行) 공이 전임 동래현령으로 염장관(鹽場官) 박중질, 참찬
> 박위와 고려 왕 복위를 도모하다가 발각되어 나포치죄(拿捕治罪)가 분산망명(分

散亡命)이라 명기하였으니 봉래현이 여말까지 존속한 것은 역사가 증명하는 바이다.

망미동은 오랫동안 수영에 포함되었다. 1979년 비로소 망미동이란 행정지명을 얻었다. 근·현대 망미동 지명 변천과정을 보자. 1914년 4월 1일 동래군 남면 수영리, 1942년 10월 1일 부산부 수영출장소 수영동, 1957년 1월 1일 부산시 동래구 수영출장소 수영동, 1975년 10월 1일 부산직할시 남구 수영동, 1979년 1월 1일 수영동에서 분리해 망미동으로 독립, 1982년 9월 1일 남구 망미1·2동으로 분동, 1995년 수영구가 개청하면서 수영구 망미1·2동.

부산의 행정이 지금의 동래로 옮기기 이전까지 수영구 망미동은 부산의 행정 중심지였다. 행정 중심지가 되기 훨씬 이전에도 부족국가를 이룰 만큼 살기 좋은 곳이었으며 그것을 보고 신라 때 이미 관청이 들어섰다. 관청 주위로 다시 사람이 모여들어 큰 마을을 이뤘으며 사람을 지키고 마을을 지키기 위해 6km에 달하는 성을 쌓았다. 이 성을 역사에선 '동래 고읍성'으로 표기한다. 그러므로 망미동 고읍성은 동래읍성의 뿌리며 좌수영성의 뿌리다. 고읍성을 품은 망미동! 부산의 뿌리가 망미동이다. 망미동에 본래부터 있던 나라는 소장산국. 가야국이나 탐라국처럼 망미동을 장산국이라 부를 만하지 않은가.

# 호국 단체와 나

나는 여러 단체와 인연을 맺고 있다. 장애인체육회나 장학회 같은 사회복지 단체도 꽤 되고 주민자치위원회나 초등학교 운영위원회 같은 교육관련 단체도 꽤 된다. 어느 단체든 내가 필요로 하면 기꺼이 나섰고 이왕 나섰으면 최선을 다하려고 했다.

호국 단체도 꽤 된다. 솔직히 말하면, 내가 인연을 맺은 단체의 대부분이 이 호국 단체다. 단체 중에는 호국문화진흥위원회처럼 전국을 대상으로 활동하는 단체도 있고 '한자녀 더 갖기 운동연합 부산본부'처럼 부산을 대상으로 하는 단체도 있다.

그렇긴 해도 주된 활동은 지역에 기반을 둔 호국 단체에서 이뤄진다. 민주평화통일자문회의 부산수영구협의회를 비롯해 한국자유총연맹 수영구지부, 수영구통합방위협의회 등에서 대표를 맡았거나 맡고 있다.

나는 어느 단체 대표라고 자랑하고 다니지는 않지만 알음알음으로 연락해 오는 친구가 간혹 있다. 내 소식을 듣고는 믿기지 않아서 연락한다는 친구도 적지 않다. 학교 다닐 때는 병약한 편이던 내가 다른 데도 아니고 호국 단체의 대표라니 대개는 "네가 어떻게?" 의외라는 표정을 짓는다.

사실은 나도 내가 놀랍다. 이따금 거울에 비친 나를 보며 "네가 어떻게?" 스스로 자문할 정도다. 중고교 다닐 때는 공부밖에 몰랐고 운동이라곤 근처에도 안 가려고 했던 내가 이런저런 호국 단체의 대표라니 나 스스로 믿기지 않는 것이다.

한 번씩 스스로 묻곤 한다. 어떻게 해서 호국 단체에 이토록 깊숙이 발을 들여놓았는지. 따지고 보면 굳이 내가 안 해도 될 일이고 내가 안 한다고 해서 안 돌아갈 일도 아니다. 무엇보다 내가 안 한다고 해서 누구 하나 손가락질할 사람도 없다.

내가 호국 단체에 발을 들인 데는 여러 가지 요인이 있다고 생각한다. 조선시대 수군이 주둔하던 군사도시 수영의 시퍼런 기운이 나도 모르게 나에게 스며들었을 수도 있고 몇 대에 걸쳐 수영 토박이로 사셨던 집안 어른들의 반골 기질이 나를 호국 단체로 이끌었을 수도 있다.

그랬다. 내가 아는 할아버지도 반골이었고 아버지도 반골이었다. 수영기로회 활동 하나만 봐도 그걸 알 수 있었다. 일제가 득세하던 왜정 때 수영의 어른들이 합심해 설립한 수영기로회는 한마디로 반골의 집합소였다. 일제가 금한 수영 25의용 제사를 음지에서 이어 가며 25의용의 얼을 기리고 나라 빼앗긴 설움을 달랬다.

수영기로회 발기인은 34인. 발기인 중의 한 분이 할아버지 김봉희였다. 기로회 등기부에는 김현봉으로 돼 있다. 아버지 역시 할아버지를 닮았다. 그 아버지에 그 아들이었다. 수영기로회 회원자격 규정인 만 60세가 되자 동년배 가운데 가장 먼저 기로회에 가입해 25의용의 얼을 받들었고 지역의 대소사에 내 일처럼 나섰다.

사업의 성공으로 경제적 안정을 이룬 아버지는 사재를 들여 군사도시 수영의 문화재를 개보수했으며 25의용의 유적지를 성역화해서 호국정신을 선양하려고 했다. 그래서 앞장서서 설립한 호국보훈 단체가 초대 이사장을 맡은 '사단법인 수영 의용충혼숭모회'였다. 시간도 들고 품도 들었지만 수영기로회 대대로 이어지던 반골 기질이 바탕에 깔렸기에 가능한 일이었다.

아버지의 반골 기질은 수영의 여러 단체로 승화했다. 한국자유총연맹의 전신이랄 수 있는 한국반공연맹의 초대 부산 남구 지부장을 맡았으며 통합방위협의회 등 각종 호국단체에서 요직을 맡았다. 호국과는 직접적인 연관은 없어도 미래의 호국 간성이 될 학생들을 배려해 장학사업을 펼쳤으며 같은 마음으로 민락초등학교 초대 육성회장을 맡

저자의 부친은 사재를 들여 군사도시 수영의 문화재를 개·보수했다. 25의용의 유적지를 성역화해서 호국정신을 선양했으며 한국자유총연맹 부산 남구지부장 등 각종 호국단체에서 요직을 맡았다. 저자 역시 부친의 유지를 이어 받아 호국 단체 활성화에 기여했다.

기도 했다. 내가 민락초등과는 아무런 연고가 없는데도 운영위원장을 맡은 건 아버지의 그런 마음을 익히 알고 있었던 까닭이다.

아버지와 아들. 이제 솔직히 털어놔야겠다. 내가 이런저런 호국 단체에 깊숙이 몸을 들인 동력은 순전히 아버지였다. 건강하던 아버지가 1997년 졸지에 돌아가신 이후 아들인 내가 아버지를 대신해야 할 일이 많아졌다. 아버지를 대신해서 가장이 되어야 했고 아버지가 짊어지셨던 짐을 짊어져야 했다.

호국 단체 일도 그랬다. 아버지 생전에 발을 들여놓긴 했지만 이렇게 깊숙이 들여놓을 생각은 아니었다. 아버지의 빈자리, 아버지의 유지를 아들인 내가 '나 몰라라' 차마 그럴 수 없었다. 아버지가 필요한 자리 같으면 내가 그 자리를 메꿨고 아버지 성함 석 자가 호명될 만한 자리 같으면 내가 미리 나섰다. 그러면서 내 명함이 많아졌고 내 명함첩이 두꺼워졌다.

아버지 돌아가시고 이제 반오십 년. 내가 민락동 방위협의회에 처음 발을 들인 1987년을 기준으로 하면 호국 단체와 인연을 맺은 지도 40년 가까이 된다. 굳이 내가 안 해도 될 일이고 내가 안 한다고 해서 누구 하나 손가락질할 사람도 없지만 이제 와서 돌아보면 후회는 없다. 후회는커녕 내 스스로 대견하고 자랑스럽다. 나를 이 길로 깊숙이 이끈 아버지가 새삼 고맙고 새삼 그립다.

# 두 번의 음악회

한불수교 130주년을 맞아 2016년 9월 프랑스 파리 살 가보홀에서 열린 〈평화음악회〉 공연장 입구에 선 저자.

# 한불수교 130주년 평화음악회

누구라도 음악회에 대한 추억이 있을 것이다. 어릴 때 다녔던 교회 음악회나 학창 시절 학교 음악회 등등 살아오면서 접했던 크고 작은 음악회는 떠올리는 것만으로도 즐겁고 아련하다. 음악회에서 들었던 대중적이고 유명한 곡은 지금도 아련한 추억으로 남아 짧은 순간이나마 나를 '예술적이게' 한다.

나에겐 여태껏 두 번의 잊지 못할 음악회가 있다. 이 두 번의 음악회를 떠올리면 나도 모르게 미소가 지어진다. 손바닥 얼얼하도록 박수를 보내던 앙코르 무대가 어제 일인 듯 생생하게 생각나고 '내가 복이 많아서 이런 공연을 보는구나!' 공연 당일 받았던 감동이 생각난다. CD 플레이어를 되감듯 그날의 감동을 되감아 본다.

<한불수교 130주년 평화음악회>, <2018 통일열차 열린음악회>. 감동의 여운이 아직도 남은 두 번의 음악회 제목이다. 앞의 음악회는 2016년 프랑스 파리에서 열렸고 뒤의 음악회는 부산문화회관 대극장에서 열렸다. 둘 다 내가 민주평화통일자문회의 부산수영구협의회장일 때 열렸던 음악회이고 단체와 관련 있는 음악회다. 그래서 감회가 더욱 각별하다.

2016년은 한불수교 130년 되는 해였다. 이를 기념해 한국과 프랑스에선 각종 행사가 성대하게 열렸다. 프랑스에서는 '한국의 해'가, 그리고 한국에서는 '프랑스의 해'가 선포되고 풍성한 문화행사가 펼쳐졌다. 그해 9월 27일 프랑스 파리 살가보홀에서 열린 <평화음악회>도 그 가운데 하나였다.

사실 한불수교 130주년을 기념하는 음악회는 한국과 프랑스 여러 군데서 열렸다. <종묘제례악 in 파리>가 파리 국립극장과 한국 국립국악원에서 열렸고 통영국제음악제, 댄스축제 등등 주목할 만한 공연이 적지 않았다. 그런데도 내가 <평화음악회>를 각별하게 여기는 건 음악회에 담긴 의미에 무게를 두었기 때문이다.

사단법인 호국문화진흥위원회 주최로 열린 한불수교 130주년 기념 <평화음악회>는 재(在)유럽 한국전 참전용사와 함께하는 음악회였기에 뜻이 더욱 깊었다. 참전용사에게 대한민국 훈장도 달아 드렸다.

<한불수교 130주년 평화음악회>가 특별한 이유는 부제에서 엿볼 수 있다. 부제는 '재(在)유럽 한국전 참전용사와 함께하는'이다. 한불 상호교류의 해 공식 인증 사업 중 유일한 보훈행사가 이 <평화음악회>였다.

호국문화진흥위원회가 주최한 <평화음악회>는 한국전쟁 참전국가와 참전용사의 숭고한 희생에 감사하며 잊지 않겠다는 취지의 보은음악회로 기획됐다. 2009년 국내에서 유엔 참전용사 추모음악회로 시작해 2011년에는 미국 순회공연을 열었다. 비행기를 타면 다 애국자가 된다는 말이 실감나던 해외공연이었다.

해외공연은 파리가 두 번째였다. 파리 공연에선 프랑스, 벨기에, 룩셈부르크 등 주변국에 거주하는 한국전 참전용사와 가족을 주빈으로 1000여명을 초청해 공연했다. 내가 몸담은 단체의 성격과 행사 취지가 일맥상통하였기에 나도 행사에 초대되었고 남다른 감동을 받을 수 있었다. 머나먼 타국에서 우리 전통악기 가야금과 해금으로 오프닝했던 공연은 그 자체로 감동이었다. 특히 25현 가야금 최고 연주자로 꼽히는 문양숙 선생의 '어메이징 그레이스'는 그렇게 장엄할 수 없었다. 마이크 없이도 유럽의 명 공연장을 압도했다. 감동은 이 행사 2부에서도 이어졌다. 2부에선 국가보훈처 주관으로 벨기에 참전협회장에게 참전용사 훈장을 전수했다. 연세가 많고 거동이 불편해서 한국을 찾을 수 없던 그들을 배려해 '찾아가는 훈장' 행사를 했던 것이다. 머릿결 희끗희끗한 분의 오른쪽 가슴에 훈장을 달아드리는 장면은 그렇게 감동스러울 수가 없었다. 스스로 일어나서 애국가를 합창하고 싶은 마음이 저절로 우러났다. 우리나라가 전쟁의 폐허를 딛고 여기까지 왔다는 게 뿌듯했다. 그런 뿌듯함은 훈장을 가슴에 단 참전용사들도 마찬가지였다. 행사 내내 그분들의 표정에서 자부심과 기쁨 같은 것을 엿볼 수 있었다.

감동은 한국에 돌아와서도 이어졌다. 그해 11월 12일 서울 롯데홀에서 열린 <제10회 유엔참전용사 추모 평화음악회>로 이어졌다. '자유의 승리를 위해 희생한 이름 없는 영웅들을 기리며…'라는 감동적이고 묵중한 공연이 그해 가을을 물들였다. 유엔묘지에서 장엄한 광경을 연출했던 세계평화와 한국전쟁을 주제로 한 드론 쇼는 영원히 잊지 못할 것이다. 전 세계 유일의 유엔묘지가 있는 부산시민의 한 사람으로서 내가 그 공연에서 받은 감동은 백 마디 말로도, 천 마디 말로도 다 옮기지 못한다.

돌이켜 보면 알지도 못한 나라, 만난 적도 없는 사람들을 위해 참전하였고 꽃다운 생명을 내어놓은 유엔참전용사들. 그리고 함께 산화한 우리의 용사들. 그들의 숭고한 희생이 없었다면 오늘의 선진 한국은 어찌 있을 것이며 오늘의 잘 사는 우리는 어찌 있을 것인가. 음악으로나마 지금 이 시대를 사는 우리의 마음을 그들에게 전할 수 있었던 '이심전심 음악회'가 프랑스와 한국에서 열린 <평화음악회>였다.

이참에 국가보훈처와 호국문화진흥위원회에 감사를 전하고 싶다. 이 모든 공연의 중심엔 이 두 기관이 있었다. 한두 해가 아니고 늘 그랬다. 국가보훈처는 국가

유공자와 그 유족에 대한 보훈, 제대군인의 지원 등에 매진하는 공공기관이고
호국문화진흥위원회는 다양한 문화예술 활동을 보다 활발하게 추진하여 국민
호국의식 고취와 국군교향악단 연출 활동을 적극 지원함으로써 군의 정서, 사기
진작에 기여하는 사단법인이다. 나는 이 사단법인에서 이사를 맡고 있어 남다른
애정을 갖고 있다. 특히 임우근 이사장은 부산 출신으로서 피란수도이자 전쟁에
서 평화를 지켜낸 평화도시 부산에 대한 이해도가 누구보다 높다.

최근 수영 25의용과 관련해 고무적인 소식이 들려온다. 한국 호국보훈의 역사를
400년 이상으로 끌어올린 25의용을 주제로 한 음악 공연이 성사될 것 같다는
소식이다. 호국문화진흥위원회 음악 공연의 지휘자이자 총감독인 배종훈 선생이
이미 수영사적공원을 답사해 작곡을 구상 중이란 이야기도 들린다. 수영 사람으
로서, 부산 사람으로서 기쁜 일이 아닐 수 없다.


## 통일열차 열린음악회

<통일열차 열린음악회> 역시 평화를 염원하는 음악회였다. 프랑스와 국내에서
동시다발로 열린 <평화음악회>와 달리 부산문화회관에서 열린 일회성 공연이
었지만 감동의 크기는 <평화음악회>보다 결코 적지 않았다. 민주평화통일자문
회의 부산지역회의가 주최하고 내가 준비위원장을 맡아 치른 공연이었기에 나로
선 두고두고 잊지 못할 '제1번 음악회'가 <2018 통일열차 열린음악회>였다.

2018년은 다들 알다시피 평화의 기운이 한반도를 감싸던 때였다. 남북 정상이
만났고 북미 정상이 만났다. 한반도 평화와 통일에 대한 국민의 염원이 어느 때
보다 높던 시기였다. 그로 인한 시대적 흐름에 맞춰 나는 준비위원장으로서 이
음악회에 '통일열차'란 스토리를 가미하고 싶었다. '스토리가 있는 음악회'에 대한
내 의지는 그날 공연에 앞서 밝힌 환영 인사에 그대로 드러난다.

호국문화진흥위원회 임우근 이사장과 함께. 그 옆이 경남고 은사인 정성회 음악선생님. 권철현 전 의원도 보인다. 원내는 경남고 시절의 정 선생님

"올해 부산 통일음악회는 '스토리가 있는 음악회'로 준비했습니다. 남북, 북미 간 정상회담이 열리고 세계적으로 평화의 바람이 불고 있는 이때 우리 한반도가 어떤 역사를 거쳐 오늘까지 왔는지, 그리고 한민족의 미래를 어떻게 펼쳐 나갈지 같이 생각, 소통하기 위해 준비한 무대다. 모쪼록 통일열차 음악회에 탑승하신 모든 분들이 아름다운 음악을 통해 평화와 통일에 대해 생각하고 그 길에 동참해 주시길 바랍니다."

공연이 주는 감동은 대단했다. 평화통일에 대한 일반의 염원이 그만큼 컸다는 방증이다. 공연을 하는 측도, 공연을 보는 측도 말 그대로 한마당 잔치마당이었다. 오프닝 음악은 안익태 선생이 작곡한 '한국환상곡.' 거기 삽입곡인 애국가가 태극기를 배경으로 울려 퍼지던 장면은 내 어찌 잊을까 싶다. 홍성택 지휘자가 연주 중간에 관중석으로 몸을 돌려 지휘하자 1,300여 명 관객은 일제히 일어나 애국가를 제창했다.

6·25전쟁으로 분단된 남북 역사와 통일을 열망하는 이산가족 이야기를 담은 새 김역 영상, 테너 김지호가 부른 국민가곡 '비목'과 소프라노 이윤경의 '그리운 금

## 2018 통일열차 열린 음악회

### 피란수도 부산에서
### 통일수도 부산으로 가는
### 대장정의 시작

하늘이 높고 빛이 아름다운 이 가을, 10월의 어느 멋진 날!
'통일열차 열린 음악회'를 여러분과 함께 하게 되어
영광으로 생각합니다.

2018년 깊어가는 가을에 음악 축제를 통하여 피란수도 부산에서
통일수도 부산으로 가는 대장정의 시작을 알리고자 합니다.

민주평통 부산지역회의 이영 부의장님과 민주평통 대행기관장인
오거돈 부산광역시장님께서는 남북교류협력사업의 일환인 통일열차로
신북방 정책의 시·종점이라는 지리적 요건을 최대한 활용해
부산에서 출발해야 한다는 강력한 소신을 밝힌 바 있습니다.

오늘 음악회는 그 염원을 담은 노력의 시작으로
우리 민주평화통일자문회의가 앞장서서 음악과 함께
부산시민들의 소통과 화합의 장을 마련하고자 준비하게 되었습니다.

음악회를 준비해주시고 후원해 주신 분들과
오늘 참석하여 주신 내외 귀빈 여러분들에게 깊은 감사의 말씀 드리며,
벅찬 감동이 넘치는 연주회가 되기를 간절히 바랍니다.
감사합니다.

**김종수 추진위원장**
(수영구 협의회장)

2018년 10월 부산문화회관 대극장에서 열린 '통일열차 열린 음악회' 팜플릿. 저자는 추진위원장을 맡아 '피란수도 부산에서 통일수도 부산으로 가는 대장정의 시작'을 다짐했다.

강산,' 그리고 네오필하모닉 오케스트라의 '아리랑 환상곡' 등은 한 곡 한 곡이

감동이었고 감탄이었다. 특히 '아리랑 환상곡'은 가사 없이 전달되는 연주만으로

도 관객 모두가 마음으로 아리랑을 읊조리는 듯이 느껴졌다.

공연의 압권은 3부였다. 3부는 '꿈을 품은 부산역'이란 주제로 진행했다. '스토리가 있는 음악회'란 내 의지가 반영된 것으로서 마침내 부산역에 도착한 통일열차에서 하차한 안치환 밴드가 무대를 이끌었다. 안치환 밴드는 '우리의 소원은 통일'을 기타로 연주하며 관중과 첫 인사를 나눴다.

이어서 '오늘이 좋다', '내가 만일', '광야에서', '철망 앞에서', '사람이 꽃보다 아름다워' 등을 부르며 관중과 교감했다. 안치환은 열창했으며 관중은 열광했다. '사람이 꽃보다 아름다워'를 부를 때는 개인은 물론 남북이 향하고 있는 '평화의 길'과도 맞물려 더욱 큰 울림을 주기도 했다.

마지막 무대는 안치환 가수와 오케스트라, 연합합창단의 합동 공연이었다. 이들은 한 무대에서 '위하여', '함께 가자 우리 이 길을', '아름다운 강산' 등을 불러 다시 한 번 큰 감동을 자아냈다. 관객이 모두 일어나 무대와 관중석이 하나가 되는 통일 하모니가 펼쳐지기도 했다.

내 기억에 소중히 간직하는 두 공연 <한불수교 130주년 평화음악회>와 <통일열차 열린음악회>. 두 공연 모두 무대 위와 무대 아래가 하나가 돼 하모니를 이뤘고 장관을 이뤘다. 하나가 돼 하모니를 이루는 게 어찌 음악뿐일까. 각자 다른 소리가 하나하나 모여 하모니를 이루듯 각자 다른 생각이 하나하나 모여 하모니를 이루어서 평화의 길로 나아가기를 간절히 바란다.

# 장애인과 함께

나는 나름 야구선수 출신이다. 그냥 선수가 아니라 야구의 꽃이라 할 수 있는 투수 출신이다. 이렇게 말하면 나를 아는 사람은 열에 아홉이 농담이라 여긴다. 내가 비록 야구 명문 경남고를 나오긴 했어도 키며 몸집이며 운동과는 거리가 멀다는 것을 아는 까닭이다.

물론 농담이다. 나는 학창시절 자주 아팠다. 부모님께 공부 못해서 걱정 끼쳐드린 날보다 몸이 아파서 걱정 끼쳐드린 날이 훨씬 많았다. 병원에서 지내는 날도 많았다. 그래서 남들처럼 공부에 집중하지 못했다. 명문 고교를 다니면서도 명문대 진학은 안중에 없었다. 어느 대학에 가든 건강만 하면 되었다.

그런 처지에 야구선수는 언감생심이었다. 투수는 더욱 그랬다. 그러나 투수 출신이란 말이 영 틀린 말은 아니다. 내 생애 딱 한 번이지만 장애인 소프트볼 경기장에서 공을 던진 적이 있다. 던지려고 해서 던진 것은 아니었다. 부산시장애인체육회 이사로서 참석했다가 투수가 사고를 입는 바람에 내가 대투수로 나섰다. 어쨌든 투수는 투수였다.

투수만 했던 건 아니다. 대주자도 했다. 그런데 일반적인 대주자와는 달랐다. 일반적인 대주자는 진루한 타자 대신에 누상에 서는 건데 나는 타석의 타자 옆에 서 있다가 타자가 공을 치면 내달리는 대주자였다. 빨리 뛰기가 힘든 장애인 타자 대신에 내가 내달렸다. 타자가 공을 치면 나는 최선을 다해 뛰었고 여기저기 환호가 들렸다.

이기고 지는 건 문제가 아니었다. 탁 트인 운동장에서 참가자 각자가 최선을 다해 보는 것에 무게를 뒀다. 그러면서 장애인과 장애인, 장애인과 일반인의 우의를 다졌다. 장애인 단체의 대부라 불리는 정창식 교수님을 만난 것도 나에겐 행운이었다. 부경대와 동의대에서 도시공학을 강의하고 교통방송 등에 출연하신 정 교수님은 부산시장애인체육회의 선구자에 해당한다. 경기장에서 공을 잘못 받은 바람에 손가락뼈가 빠진 장애인을 즉석에서 치료해 준 적도 있었다. 손가락뼈를 잠시 뺐다가 제자리 갖다 끼우는 정 교수님 치료법은 신기에 가까웠다.

장애인을 한동안은 장애우라 불렀다. 나름 장애인을 대접하는 표현이라고 여겼다. 그러나 어색했고 가식적으로 보였다. 무언가 자연스럽지 않고 불편했다. 억지춘향이었다. 장애인 역시 그런 생각을 했던 모양이다. 결국 장애우란 표현은 사라졌고 다시 장애인이란 호칭이 일반화됐다.

나는 장애인과 일반인이 별반 다르지 않다고 생각한다. 내 경우만 보더라도 그게 확연해진다. 내 머릿속 지식이나 내가 살아오면서 겪은 경험은 내 것이지만 내 몸은 내 것이 아니다. 그러기에 나는 아프고 싶지 않은데 아프고 감기 들고 싶지 않은데 감기 든다. 학창시절은 물론이고 평생을 그랬다. 당신도 그렇고 장애인도 그렇다. 머릿속 지식이나 살아오면서 겪은 경험은 고스란히 당신이나 장애인의 것이지만 몸은 자기 것이 아니다. 내가 아프고 싶지 않은데 아프고 감기 들고 싶지 않은데 감기 들 듯이 당신이나 장애인은 몸의 어딘가가 부자연스럽고 불편할

2013년 한일 장애인 단체간 친선 소프트볼 교류대회 장면. 앞줄 왼쪽 두 번째가 저자다.

따름이다. 나나 당신이 무엇이 다르며 나나 당신이나 장애인이 무엇이 다른가.

장애인을 대할 때 가장 소중한 건 진정성이라고 본다. 장애를 부정할 순 없다. 그러나 그 부분만 장애이지 그 사람 모두가 장애는 아니다. 장애는 장애대로 받아들이고 비장애는 비장애대로 받아들이는 것, 그것이 진정성이라고 보며 그것이 일반인과 장애인 사이의 간격을 좁히는 것이라고 본다.

나는 스스럼없이 지내는 장애인이 적지 않다. 내 자랑하자고 꺼내는 이야기는 아니고 이런저런 장애인 단체에서 일을 봐왔기에 터놓고 지내는 장애인이 꽤 된다. 그래서 야구장에 구경도 가고 사고를 입은 투수 대신에 마운드에 서기도 했다. 단체에서 맡은 직책 때문이 아니라 그들과 같이 있는 게 좋아서 갔다. 늘 그랬다. 앞으로도 그럴 것이다.

나만 그러진 않을 것이다. 장애인과 도탑게 지내는 일반인은 생각보다 많다. 자원봉사로 나섰다가 평생 자매나 남매처럼 지내기도 하고 일회성 행사장에서 만났다가 평생 후견인이 되기도 한다. 그들이 의좋게 지내는 것을 보면 그날은 하

장애인체육회 임원이던 저자는 장애인 친선 소프트볼 교류대회에서 대투수로, 대주자로 활약하기도 했다.

루가 기분이 좋고 일도 술술 풀린다. 눈에 넣어도 아프지 않을 아들이나 딸을 바라보는 아버지의 심정이 된다.

나는 대체로 장애인에게 먼저 말을 거는 편이다. 지하철에서도 그러고 행사장 같은 데서도 그런다. 몇 마디 문답으로 끝나는 경우도 있고 일상적인 대화를 나눌 때도 있다. 그들과 대화하다 보면 일반인 못지않게 생각이 깊고 그러면서 순수하다는 걸 종종 느낀다. 천진난만일 수도 있겠다.

그런 면에서 장애인은 우리 사회의 한 가능성이라고 본다. 장애인이 가진 깊고 순수한 성정은 지나치게 타산적이고 지나치게 배타적인 지금의 우리 사회에 어깨를 내리치는 죽비가 되고 자기를 되돌아보는 거울이 되리라고 믿는다. 장애인을 바라보는 우리 사회의 시선이 하루하루 따스해지고 그윽해지길 바란다.

# 평화음악회 단골 메뉴
## '비목'

'초연이 쓸고 간 깊은 계곡, 깊은 계곡 양지녘에 비바람 긴 세월로 이름 모를 비목이여….' 국민가곡으로 불리는 <비목>의 첫 구절이다. 1970년대 세상에 나온 이후 모르는 사람이 없을 정도로 사랑받는 국민가곡이다.

국민가곡 <비목>은 나무로 만든 비석 비목(碑木)에서 유래한다. 한명희가 작사했고 장일남이 작곡했으며 1969년 세상에 나왔다. 한명희는 한국전쟁 격전지 강원도 화천에서 군복무를 하며 작사했다. 화천 백암산 부근에서 무명용사 돌무덤의 비목을 보고 울컥해서 이 노래를 지었다. 비목에는 철모가 얹혀 있었다고 한다.

노래는 금방 국민적 사랑을 받았다. 가사를 장일남에 보여주자 그 역시 울컥해서 즉석에서 작곡했다. <비목>은 방방곡곡 알려졌으며 교과서에도 실렸다. 한국전쟁에서 희생된 무명용사들을 추모하기 위해 화천에 비목공원이 조성되었고 매년 현충일을 전후하여 비목문화제가 열린다. 격전지 현장에는 노래 가사가 새겨진 기념비가 세워졌다.

국민적 사랑을 받는 노래이기에 나 역시 <비목>을 자주 부른다. 때로는 혼자서 부르고 때로는 합창한다. 애창곡이 된 건 이 노래가 갖는 역사적 배경과 내가 몸 담고 사는 수영의 기질이 맞아떨어지기 때문이다. 수영은 조선시대 군사도시였다. 그래서 수영 토박이는 애국심이 강하고 기질적으로 불의를 보면 뜨거워진다. 강원도 두타연에서 들은 <비목>은 지금도 기억이 생생하다. 강원도 양구에 있는 두타연은 금강산 가는 길목. 천연기념물 열목어와 산양이 공생하며 태초의 자연을 그대로 간직한 명소다. 한국전쟁 때는 격전지 중의 격전지였다. 전쟁의 상흔은 지금도 또렷하다. 전쟁 이후 50년 넘게 민간인 통제구역이었다가 2004년 개방했다. 50년 넘게 통제했기에 DMZ 생태계가 잘 보존됐으며 현재 평화누리길이 조성돼 있다.

나는 두타연을 공적으로 방문했다. 민주평화통일자문회의 부산수영구협의회가 주관한 '수영구민 나라사랑 안보교육' 일환의 방문이었다. 안보교육은 2017년 5월 18일과 19일 이틀 일정으로 강원도 양구군과 화천군 일대에서 열렸다. 수영구 협의회 회장인 나를 비롯해 자문위원과 구민 등 모두 84명이 행사에 참여했다.

일행을 태운 버스 두 대는 동이 트는 이른 새벽 강원도 양구로 향했다. 국토 정 중앙이라는 양구는 인제나 원통보다 북한에 가깝다. 한마디로 접경지역이다. 한 국전쟁 격전지라서 전쟁의 흔적이 지금도 곳곳에 남아 있다. 신문이나 방송 같은 데서 간간이 접하던 전쟁 무기를 직접 보며 평화가 얼마나 소중한지 새삼 깨달 았다. 그 지역 사단장이 우리를 맞았다.

땅굴은 서늘했다. 소름이 끼쳤다. 1990년 봄 우연히 발견한 이른바 '제4땅굴'이 었다. 발견은 우연일지 몰라도 국토 수호에 밤낮이 따로 없었던 국군 장병의 노 고가 있었기에 가능한 일이었다고 본다. "대한민국 국군 만세!" 나에게 선창 기 회가 주어진다면 그렇게 외치고 싶었다. 땅굴은 천장이 낮았다. 머리를 숙여야

강원도 양구 평화의댐 인근의 비목공원에 있는 나무십자가 위에 얹혀진 철모 ©유주영 CC BY

했다. 전동차를 이용해 지나가며 북한의 소행에 분개했다. 저녁에는 탈북강사의 '다시 한 번 대한민국' 강연을 들었다.

이튿날은 화천에 있는 평화의 댐을 찾아 국가의 소중함에 대해 생각하는 기회를 가졌다. 두루 체험하고서 마지막으로 찾은 곳이 양구 두타연이었다. 양구군 전투위령비, 조각공원, 두타연폭포, 흔들다리인 두타교, 지뢰체험지역 등을 둘러보았다. 다들 마음이 숙연했다. 전사자의 원혼을 대하는 듯해서 마음이 무거웠다.

<비목>이 불린 것은 이때였다. 문화해설을 위해 동행한 양구군 문화해설사가 느닷없이 국민가곡 이 노래를 불렀다. 전혀 각본에 없던 돌발행동이었다. 우리의 표정에서 숙연한 마음을 읽고서 장황한 해설보다는 이 노래를 택했으리라. 돌발행동이었으나 감동은 컸다. 나는 마음이 울컥해져 따라 불렀다. 두타연 <비목>은 내 생애에 두고두고 감동적인 명장면으로 기억되지 싶다.

# 강진 농촌마을과
# 자매결연하다

전남 강진은 영랑의 고향이다. 시인 김영랑이 거기서 태어났다. 생가가 잘 보존돼 찾는 사람이 많다. 바다를 낀 청정지역이라 풍광은 천하제일경이다. 해산물 역시 달고 신선하며 해풍이 키운 농산물은 한마디로 보약이다.

강진은 수영과 여러모로 닮았다. 바다를 낀 것이 닮았고 무엇보다 둘 다 조선시대 호국의 도시였다. 강진은 육군이 주둔하던 병영이었고 수영은 수군이 주둔하던 수영이었다. 조선시대 그때는 육군 주둔지를 병영이라 했고 수군 주둔지를 수영이라고 했다.

그런 강진이라서 평소 눈여겨보았다. 기회가 닿으면 연을 맺고 싶었다. 수영과 강진의 결연은 영호남 화합과 지역감정의 극복이라는 차원에서도 꼭 필요한 일이었다. 마침내 뜻을 이루었다. 내가 한국자유총연맹 부산광역시 수영구지부장을 맡고 있을 때 두 지역의 자매결연을 성사시켰던 것이다.

그때가 2006년 6월이었다. 나는 2002년 5월부터 2011년 4월까지 10년 가까이

자유총연맹 수영구지부와 자매결연 도시인 전남 강진에서 한국한국자유총연맹 부산광역시 수영구지부 주최로 열린 농산물 생산현장 체험 행사 장면.

한국자유총연맹 수영구지부장을 맡았다. 남구와 수영구가 분리되기 이전 선친이 초대지부장을 맡았던 단체였다. 그래서 단체에 대한 나의 애정이 각별했고 그런 각별한 애정이 10년 가까이 대표를 맡게 했던 것 같다.

자매결연은 단체 대 지역으로 이뤄졌다. 한국자유총연맹 수영구지부와 강진읍 초동마을의 결연이었다. '농촌사랑 1사 1촌'의 자매결연 행사는 강진 친환경단지 초청을 받아간 자리에서 강진읍사무소 주선으로 열렸다.

자매결연식 행사는 초동마을 마을회관과 체험농장 등지에서 열렸다. 우리 쪽에선 부녀회원을 비롯해 한국자유총연맹 수영구지부 회원이 대거 참가했다. 이 자리에서 한국자유총연맹 수영구지부와 초동마을 주민들은 농촌일손돕기 등 봉사활동과 지역농산물 구입을 약속했다.

체험실습 행사도 있었다. 친환경 유기농 벼베기, 친환경 단감 수확, 친환경농산물 시식회 등의 행사가 벌어졌다, 광안4동 부녀회원을 비롯해 참가자들은 현장에서 농산물을 직접 구입하거나 주문했다. 초동마을에서 재배되는 옥수수 30개들이 52포대와 80kg들이 감자 2포대를 구입했고 초동마을에선 그해 갓 수확한 보리

쌀 1kg과 친환경쌀 1kg들이 40포대를 선물했다.

한국자유총연맹 수영구지부 전순애 단장은 이날 강진신문 인터뷰에서 "자매결연으로 지역에서 생산되는 친환경 농산물을 믿고 저렴하게 공동구매할 수 있게 되었다"며 "10개 동이 있는 수영구에 장터가 마련되어 수영구 주민이 직접 농산물을 구입했으면 좋겠다"고 밝혔다.

이후 수영과 강진과는 우호적인 관계가 이어졌다. 수영구 몇 개 동에선 부녀회가 주축이 돼 아파트 단지 여러 곳에 농산물 특설 판매장을 설치하기도 했고 수영구 주민이 농산물을 신청하면 강진에선 '1등 농산물'을 추려서 택배로 보내주기도 했다.

그해 10월 14일 한국자유총연맹 수영구지부 회원들은 강진을 세 번째로 방문했다. 당시 유재중 국회의원도 함께했다. '강진청자축제' 참가를 겸한 방문으로서 자매결연 초동마을을 먼저 찾았다. 이동훈 강진읍장과 김근진 농협장, 김병주 이장, 친환경단지 문광혁 대표를 비롯한 강진 주민의 환대가 참 따뜻했다. 나는 수영구지부장으로서 "오늘을 계기로 영원한 친구로서 우의를 다지고 강진읍 여러분이 친환경으로 재배하는 농산물을 널리 홍보하고 이용할 것을 약속한다."는 감사의 말을 남겼다.

자매결연 마을 방문에 이어 '강진청자축제'에 참가했다. 한국 3대 축제의 하나로 꼽히는 청자축제는 강진 청자문화와 체험을 겸했다. 전국에 있는 강진향우회가 총출동할 만큼 성황을 이룬다. 강진 출신 유명 배우와 가수, 성악가들이 출연하는 거로도 유명하다. 도자기 체험학습장에서 판매하는 도자기는 꽤 비쌌지만 단체를 대표하는 지부장으로서 두 눈 찔끔 감고 사기도 했다. 그때 산 도자기를 보면 지금도 그날의 감회가 떠오른다.

2006년 10월 28일에는 재부산 강진향우회 정인태 회장과 김이철 신임회장 초청으로 사상구 파라곤호텔에서 열린 향우회 정기총회에 참석하기도 했다. 회장 이·

2006년 10월 사상구 파라곤호텔에서 열린 재부 강진향우회 정기총회에 초청받은 저자가 참석자에게 경품을 나눠주는 장면.

취임식을 겸해 열린 강진향우회 정기총회는 처음부터 끝까지 화기애애하고 즐거운 분위기였다. 강진에서는 부군수와 읍면장 등이 참석했고 우리 쪽에선 강진 사랑이 남다른 회원들이 참석했다. 폭소가 터진 것은 경품을 받고 나서였다. 지금도 그때를 생각하면 나도 모르게 폭소가 나온다.

참석자에게 나눠준 경품은 쌀이었다. 쌀이 가득 담긴 포대를 즉석에서 시상했는데 무게가 꽤 나갔다. 참석자는 대개가 양복차림이었고 미장원을 다녀온 여성 참가자도 많았다. 그런 마당에 어깨에 지거나 머리에 이고 행사장을 나섰다. 하지만 그건 약과였다. 무겁다 보니 호텔 프런트에서 떨어뜨리는 바람에 포대가 터져 한바탕 난리가 나기도 했다. 강진 하면 떠오르는 장면 중의 하나로서 내 기억의 사진첩에 두고두고 기록될 명장면의 하나다.

# 수영의 문화재와
# 노규래 과장

노규래. 생각만 해도 정감이 가고 매일 봐도 매일 보고 싶은 이름이다. 수영구청 문화공보과장을 지내다 정년퇴임해서 나는 늘 '노 과장'이라고 부른다. 노규래 과장은 수영 문화재 역사의 산 증인이다. 수영의 많은 문화재가 노 과장의 심혈을 거쳐서 반듯해졌고 정연해졌다.

노규래 과장이 수영에서 공직생활을 한 건 모두 35년. 1982년 수영동사무소에서 시작해 총무과장 등을 역임하고 마지막으로 2017년 문화공보과장으로 정년퇴임했다. 수영이 남구에서 분리하던 1995년에는 수영구개청준비단에 발탁돼 수영의 원대한 밑그림을 처음부터 그렸다.

노 과장은 공직생활 35년 가운데 7년을 문화재 업무에 매진했다. 수영사적공원 정비복원 사업을 담당하여 좌수사 선정비 정비와 좌수영성지 복원을 추진했으며 수영사적공원 관광활성화 사업을 벌여 독신당을 비롯한 사당을 재정비해 사적공원의 면모를 일신했다.

수영사적공원 '수영고당의 유래비'를 살펴보는 저자와 노규래 전 수영구청 문화공보과장(오른쪽). 1982년부터 35년 동안 수영에서 공직생활을 시작한 노규래 과장은 수영 문화재 역사의 산 증인이다. 수영의 많은 문화재가 노 과장의 열정과 심혈을 거쳐서 반듯해졌고 정연해졌다.

노 과장이 수영동사무소에서 근무한 기간은 4년. 4년을 근무하면서 지역의 원로 자문회인 수영기로회의 어르신들과 수영향우회 회원과 교분을 갖게 되었다. 젊은 피가 수혈되면서 수영의 문화재에도 생기가 돌았다.

노 과장이 수영동사무소에서 공직을 시작한 것은 수영으로선 큰 복이었다. 수영의 문화재 절대다수가 수영동에 있었기에 노 과장은 자연스레 수영의 문화재와 인연을 맺게 되었고 수영사적공원 문화재 업무도 맡게 되었다. 이러한 인연은 이후 문화공보과 문화예술계 주무, 담당계장, 담당과장을 맡는 저력으로 작용했다. 나는 노 과장을 볼 때마다 인생 동반자 같다는 생각이 든다. 수영동사무소부터 시작해 정년퇴임할 때까지, 아니 퇴임 이후로도 노 과장과 많은 시간, 많은 마음을 나눈다. 수영의 문화재는 물론이고 삶의 갈림길에서 이쪽으로 갈지 저쪽으로 갈지 자문하고 자문 받는다. 내가 수영의 문화재에 대한 책을 쓰려고 대학원에 진학하려고 했을 때 자문을 구한 것도 노 과장이었다.

하루는 노 과장이 이른 아침부터 전화를 해 왔다. 문화공보과 주무였을 때다. 태풍 매미가 극성을 부렸던 2003년으로 기억한다. 전화를 해서는 연산경찰서로 빨리 가보라는 거였다. 건장한 남자가 수영사적공원 사당인 독신묘와 수영산신당에 돌을 던지고 문을 뜯어내는 등 행패를 부려 경찰서로 연행됐으니 해결을 부탁한다는 거였다.

사연은 이랬다. 독신묘와 수영산신당에 기도하면 효험이 있다 해서 신 내림을 받았는데 나아진 게 없어 술김에 부린 행패였다. 듣고 보니 정상을 참작할 여지가 있었다. 오죽하면 그랬을까 싶기도 했고 독신묘와 수영산신당이 효험이 있다고 소문 난 것 같아 내심 흐뭇하기도 했다. 그래서 담당형사에게 선처를 부탁했고 남자는 훈방될 수 있었다.

그런데 다른 사람도 아닌 나에게 노 과장이 전화한 이유는 뭘까. 그럴 만한 사연이 있었다. 당시 수영사적공원에는 임자 없는 건물이 2동 있었는데 하나는 천연기념물 곰솔나무 아래 독신묘와 수영산신당을 모신 수영고당, 그리고 약간 떨어진 조씨 할배당이었다.

임자가 없으니 자칫하면 아무도 돌보지 않는 상황이었다. 그것을 안타깝게 여긴 선친은 생전에 사당을 관리해 오셨고 선친이 별세한 후에는 선친의 뜻을 받들어 내가 관리하였다. 사당에 행패를 부린 남자가 경찰서에 연행되고 현장 확인 결과 피해 사실과 파손한 사람은 입증이 되는데 피해 사실을 확인해 줄 사당 건물주가 있어야 했다. 그래서 내가 주인 아닌 주인이 되어 사건을 마무리 지었다.

이 사건은 나에게도 일종의 전환점이 되었다. 이를 계기로 나는 더욱더 주인의식을 갖고 주변 청소나 정비, 단청 같은 사당 관리에 애를 쓰게 되었다. 나아가 독신묘와 수영산신당이 가진 향토전통문화의 의미를 되살리고 가치를 알려나가고 있다.

단청에 얽힌 개인적인 일화가 있다. 수영고당 단청이 색이 바래고 낡아서 새로 칠할 필요가 생겼다. 돈이 드는 일이었지만 내가 대뜸 나섰다. 나설 때만 해도 단청을 단순한 페인트칠 정도로 알았다. 그러나 그게 아니었다. 단청은 훨씬 고도의 작업이었다. 사람도 귀했다. 절마다 수소문했고 백산 옥련선원까지 갔다. 백련선원이 소개한 분은 강원도 사찰에 가는 바람에 연결이 되지 않았고 대신 전화번호부를 뒤져 탱화 하는 분과 인연이 되었다. 그분 덕분에 예술적이고 정감 넘치는 고당이 탄생했다. 지금 생각해도 고마운 일이다. 그 뒤로 선서바위가 있는 무민사도 내가 소개해 천장이 막 무너질 것 같은 곳이 새롭게 거듭났다.

노 과장은 큰 그림을 그리면서 문화재 업무에 임했다. 문화예술계의 주요핵심 업무는 문화예술진흥과 전통문화 전승보존이라는 관점을 줄곧 견지했다. 1995년 수영구 개청과 함께 수영구의 정체성 확보를 위해 역사와 문화가 깃든 전통문화 전승보존에 주안점을 두고 10개년 계획인 '좌수영성지 정비 복원계획'을 수립, 수영구 7대 역점사업으로 추진했다. 노 과장은 2001부터 2003년까지 3년간 수영 사적공원 정비복원사업을 담당해 좌수사 선정비 정비와 좌수영성지 복원업무 등을 추진하였다.

사업은 훌륭하게 마무리됐지만 여건이 좋았던 건 아니다. 좌수사 선정비 정비사업은 수영성 남문 주변에 흩어진 선정비를 연대순으로 정리하여 한자리에 세우는 일이었다. 경사진 곳에 장비를 활용할 수 없는 상태의 난공사로서 처음 사업을 추진하겠다는 업체에서 계약을 해 놓고 파기를 하여 사업 자체가 무산될 위기에 처하는 난감한 상황에 맞닥뜨리기도 했다.

정비 내용은 선정비의 이동 건립과 좌대 안착, 각 선정비에 대한 수사의 재임기간 등을 각석 하는 일을 동시에 추진해야 하는 일이었다. 노 과장은 시청 문화재

계의 도움으로 부산박물관에 자문을 구하였고 이때 소개받은 분이 대한민국 석공예 김상규 명장이었다.

김상규 명장은 처음엔 부정적이었다고 한다. 급히 찾아가 부탁했지만 문화재 업무는 중요한 일이라며 겸손하게 거절했다는 것. 하지만 노 과장 간절한 눈빛, 간절한 마음에 끌렸던지 마침내 승낙하였다.

확보된 예산은 턱없이 부족하고 할 일은 많아 어떻게 하면 이 일을 할 수 있을지 김상규 명장은 몇 날 며칠 현장에서 고민한 끝에 사업 추진 방향을 잡았다. 명장의 힘 같은 것을 느꼈다고 한다. 하지만 이게 다가 아니었다. 문제는 또 있었다.

당시 회계 절차상 연말까지 계약이 완료되고 사업은 2월 말까지 완료해야 했다. 그래서 종무식을 마치고 계약하는 상황이 벌어졌다. 계약기간은 촉박했고 사업기간은 2개월로 너무 짧은 상황에서 예산까지 턱없이 부족했으니 김상규 명장의 장인정신과 사명감이 아니었으면 할 수 없었던 일이라고 노 과장은 당시를 회상한다. 이때 접한 장인정신과 사명감은 노 과장의 공직생활에도 큰 지침이 되어 수영의 문화재 복원이나 정비 등에 적용했다. 김상규 명장과 노규래 과장, 수영의 문화재 복원과 정비의 역사에 두고두고 기억해야 할 이름이 아닐 수 없다.

수영사적공원에는 사당이 2개가 있었다. 앞서 언급한 하나의 사당에 나란히 있던 독신묘와 수영산신당, 그리고 약간 떨어진 자리 조씨 할배당이었다. 독신묘와 수영산신당은 선친이 생전에 관리하셨지만 미등재 건물에다가 일본식이었고 조씨 할배당은 사유지에 미등재 건물로 사실상 관리자가 없어 수영구청에서 관리하였다. 이러한 비정상적인 상황을 해결한 이 역시 노규래 과장이었다.

수영사적공원은 천연기념물을 비롯한 시지정문화재를 명분으로 내세워 좌수영성지 정비복원사업을 추진하였으나 두 사당은 문화재적 가치는 충분하나 정비되지 못해 안타까움이 컸다. 그런 상황에서 문화공보과장으로 재임할 때인 2016년 문화재 정비사업이 아닌 문화관광 활성화사업으로 신청하여 예산을 확보하였다. 예산 범위 안에서 운용의 묘를 살려 독신당과 수영산신당이란 2동의 사당을 지을 수 있었다.

이로써 수영사적공원은 미등재 건물이 없는 유적지로 면모를 일신하게 되었다. 예산이 부족해 단청 등은 뒤로 미뤘지만 노 과장의 애정과 지혜가 아니었으면 어찌 이나마도 이뤄졌을까 싶다. 수영 곳곳 문화재에 스민 노규래 과장의 손길과 숨결, 그리고 마음. 생각만 해도 속이 훈훈해진다.

# 백산과
# 산불

수영구 민락동 백산은 주민 친화적인 산이다. 집이 산을 에워싼 형국이다. 창문을 열면 산이 보이고 집을 나서면 길이 산으로 이어진다. 그래서 민락동 주민은 누구든지 '내 집 산'처럼 여긴다. 토박이에겐 태어날 때부터 거기 있었던 모태 같은 산이고 이주민에겐 언제든 기대도 될 것 같은 보호수 같은 산이다.

여느 산이 그렇듯 백산에도 산불의 위험은 늘 도사린다. 민가가 가까워서 위험은 더 크다고 볼 수 있다. 민가에서 난 불이 산으로 번질 수도 있고 사람이 자주 오르내리다 보면 어떤 사고가 언제 일어날지 모르는 일이기 때문이다. 그래서 민락동 주민은 산불에 대한 경각심이 어느 지역보다 높다.

덕분에 최근 들어 백산에 이렇다 할 산불은 나지 않았다. 백산 산자락에 사는 민락동 주민의 한 사람으로서 고마운 일이다. 그러나 서기 2000년 전후로 한 차례씩 아찔한 순간이 있었다. 두 번 다 내가 직접 겪었고 진화작업에 동참도 했다. 조금만 늦었어도 큰일이 날 뻔했던 산불이었다. 주민과 공무원이 혼연일체가 되어 내 일처럼 나섰기에 백산을 산불에서 지켜낼 수 있었다.

2000년 되기 직전의 산불은 1998년 3월 3일 오후 4시경 발생했다. 화요일이었고 봄바람이 차갑게 느껴지던 날이었다. 어머니와 함께 백산 산자락 농장에 있던 집 마당에서 나무를 정리하던 참이었다. 그때 검은 연기가 강풍을 타고 치솟고 있었다. 민안초등학교 뒤편이었다. 연기는 이내 우리집 쪽으로 몰려왔다. 봄바람을 타고 금방이라도 집을 집어삼킬 것 같은 기세였다.

겁이 덜컥 났다. 어머니부터 피신시켜야 했다. 놀라시지 않도록 다른 이유를 대 농장 아래 민가로 내려가자고 했더니 어머니는 내키지 않아 하셨다. 어쩔 수 없이 사실대로 이야기하고 피신시켰다. 그리고 소방차가 들어올 수 있도록 농장 문을 개방했다. 소방차가 들어는 왔으나 민안초등학교 호스를 찾았다. 물이 가득 찬 호스라서 엄청 무거웠다.

소방헬기까지 떴다. 강풍에 헬기가 일으키는 바람까지 난리도 그런 난리가 없었다. 게다가 진화작업에 나섰다가 헬기에서 뿌리는 물을 뒤집어썼다. 제일 먼저 나타난 공무원은 안경이 코에 얹히도록 허겁지겁 달려온 최태언 민락동장이었다. 시간이 얼마 지나지 않아 구청 직원도 속속 도착했다. 그 와중에 총무과 직원 손 모 씨는 간이 테이블을 펼쳐 진화작업에 참가한 구청 공무원 출석을 일일이 확인했다.

어떤 공무원은 내가 농장 지주로 산불 현장에 있으니 산불 낸 사람 아니냐고 은근히 의심의 눈초리를 보냈다. 속에선 열불이 치밀었지만 산불 진화가 먼저였기에 웃고 넘겼다. 산불은 1시간 만에 진화했다. 나중에 산불 원인이 밝혀졌다. 민안초등 뒷산에서 누군가 피운 담배가 발화지점이었다. 0.7ha(2,500평)가 탔고 해송 등 700그루와 산불감시초소 한 군데가 피해를 입었다.

2000년 직후의 산불은 2002년 발생했다. 2월이라고 생각한다. 밤늦은 시각 백산 정상 첨이대 부근에서 산불이 났다. 그날은 수영구청 사회산업국장과 저녁

백산은 민가 가까이 있어서 산불에 대한 주민의 경각심이 대단히 높지만 2000년 전후 산불이 두 차례 났다.

약속이 있었다. 저녁을 마치자 국장님이 자기 차로 나를 바래다주었다. 백산 농장에 도착해서 인사하고 헤어지려는 순간 백산 정상에서 벌겋게 일어나는 산불이 보였다. 국장은 곧장 자기 차 트렁크를 열었다. 트렁크에는 없는 게 없었다. 작업용 모자에 장갑, 등산화, 플래시 등등 움직이는 소방대였다.

산불은 컸다면 컸고 작았다면 작았다. 정상에 있던 배드민턴 연습장이 다 타버렸다. 산불 피해가 그 정도로 그친 것은 그나마 다행이었다. 산불이 난 곳은 첨이대 표지석이 있는 정상이었다. 산불의 특성은 위로 번지는 것이었는데 정상에서 났으니 더 번질 데가 없었다. 비교적 평지라서 진화작업이 수월했고 나무가 덜 촘촘한 것도 조기 진화에 도움이 됐다.

소방대원들의 진화 후 국장님과 하산하니 비상이 걸려 그제야 도착한 구청 직원들이 어쩔 줄 몰라했다. 높으신 국장이 산불현장에 제일 먼저 도착해 솔선수범했으니 그럴 만도 했다. 덩달아 나까지 우쭐했다.

어느 산불이든 시작은 잔불이다. 잔불에서 시작해 잔불로 끝나기도 하고 큰불로 번지기도 한다. 잔불이라고 해서 결코 가볍게 보거나 방심할 수 없는 이유다. 내가 매일 보는 백산은 우리 세대의 소유이기도 하지만 다음 세대의 소유이기도 하다. 다음 세대에 온전한 백산을 물려줬으면 하는 마음으로 내가 겪은 백산의 산불을 여기 되새긴다.

# 백산과
# 배드민턴장

백산은 수영구 민락동 진산이다. 민락동 한가운데 솟은 산이라서 민락동 어디에서 봐도 보인다. 사람 사는 데와 동떨어져 저 멀리 있는 산이 아니기에 이웃집 아저씨처럼 푸근하다. 굳이 등산복 차림이 아니라도 언제든 찾을 수 있는 다정다감한 산, 거기가 민락동 백산이다.

동네 한가운데 산이라서 체육공원도 여기저기 보인다. 아는 분이 거기서 쉬거나 운동하고 있으면 인사를 나누고 안부를 묻곤 한다. 대개는 연세 지긋한 분이라서 오래오래 건강하시기를 바라는 마음이다. 동네 사랑방 같은 산이 내가 사는 민락동의 백산이다.

한때는 배드민턴 코트도 적지 않았다. 내 생각엔 서울올림픽이 열리던 1988년 그 무렵인 것 같다. 올림픽 분위기도 띄울 겸 국민건강도 돌볼 겸 전국적으로 체육시설을 조성했다. 체육시설 부지가 마땅찮은 지역은 녹지에 조성하도록 허용했다.

백산 코스모스 배드민턴 클럽 입구

그러한 기류를 타고 백산에는 네 군데에 배드민턴 시설이 들어섰다. 민락동 한가운데 산이다 보니 각자 자기 사는 마을과 가까운 산자락에 배드민턴장을 조성했다. 하얀 깃털이 맑고 깨끗한 산 공기를 가르며 네트를 사이에 두고 참새처럼 날아다니면 속이 훨훨 날아갈 것만 같았다.

그런데 예상치 못한 일이 생겼다. 1998년 5월 15일로 기억한다. 남부경찰서 수사2계 강 모 형사에게 출두하라는 통보를 받은 거였다. 백산에 배드민턴 코트를 조성하면서 나무를 베어내고 무단으로 형질을 변경했으니 출두해서 참고 진술을 하라고 했다.

내 입장에선 뜬금없는 이야기였다. 황당했다. 나는 배드민턴 동호회 회원도 아니고 코트 조성에도 관여하지 않았으며 형질을 변경한 것은 더더구나 아니었다. 그런데 왜 내가? 그 이유는 경찰서에서 조사를 받으면서 알 수 있었다.

백산 배드민턴장 네 군데 중에서 세 군데는 우리 농장 안에 있었다. 그러니까 내 소유 땅에 배드민턴 코트가 있었다. 그것도 세 군데나. 그러나 나는 그다지 개의 하지 않았다. 이용자가 동네 주민인데다 백세시대 건강을 위하는 일이라 여겼다. 그래서 이따금 시합을 보며 박수를 쳤으면 쳤지 싫은 소리는 한마디도 하지 않았다. 그런 상황에서 경찰서 출두 통보를 받았다.

경찰서로선 당연한 조사였다. 백산의 임야녹지에 나무를 베어내고 배드민턴 코트를 조성했으니 누군가가 무단으로 형질을 변경한 혐의가 짙었다. 그 누군가를 찾아내야 했다. 동호회 대표자들이 줄줄이 소환됐다. 그들도 곤혹한 처지였을 것이었다. 그들 소행이 아니기 때문이었다.

대표자들은 조사받으면서 이구동성으로 항변했다. 자기들은 결코 그런 적이 없다고. 벽에 부딪친 경찰은 난감했다. 마지막으로 혐의를 둔 게 나였다. 지주인 내가 무단으로 변경한 것 아니냐는 것이었다. 내가 땅 소유자이니 경찰로선 충분히 합리적인 의심이었다. 그래서 나를 불렀다.

나는 꿀릴 게 없었다. 통보를 받은 다음날 바로 출두했다. 경찰이 어디에 혐의를 뒀을지 대충은 짐작하고 있었기에 자초지종 설명했다. 경찰 역시 순순히 수긍했다. 결국 이 일은 누구에게도 혐의가 없는 사건으로 종결됐다. 나도 나지만 민락동 주민이 대다수인 백산 배드민턴 동호회 누구도 다치지 않아서 지금도 고맙게 생각한다.

자초지종을 설명했다고는 하지만 사실은 몇 마디면 족했다. 그 땅은 선친이 일군 땅이고 지금 내 소유가 맞지만 1950년 한국전쟁이 일어난 이후 한동안은 육군 군부대가 주둔해 있었다고. 선친의 땅을 육군이 징발해 포병부대 막사로 썼다고. 포병부대가 물러가면서 막사는 철거됐고 평평했던 그 자리에 배드민턴장이 들어섰다고.

그러면서 그 증거로 보여준 게 공문서 두 종류였다. 선친 때부터 보관해 오던 것으로 하나는 문서 명칭이 '징발해제통지서'고 다른 하나는 '징발해제증'이다. 둘 다 선친 소유 부지를 군사적 필요에 의해서 징발했다가 해제해서 원소유자에게

백산 전경과 백산 정상 첨이대 표석.
첨이대 표석 자리에 육군 포병부대가 주둔했다.

되돌려 준다는 문서다. 앞의 것은 1965년 7월 육군군수기지사령부 사령관 최주종 육군소장 명의로 발행했고 뒤의 것은 1967년 5월 17일 김성은 국방부장관 명의로 발행했다. 경찰로선 더 이상 문제 삼을 이유가 없었다. 오히려 무단 형질변경 사건을 신속하게 종결할 수 있어서 속으로 감지덕지하지 않았을까 한다.

백산에 주둔한 포병부대는 육군 제33고사포대 A포대였다. 시포대(施砲臺)를 백산 정상 첨이대 부근에 설치했다. 선친은 부대 부지 일부에 해당하는 1,900평을 징발 당했다. 징발 기간은 1952년 11월 25일부터 1965년 7월 15일까지였다. 선친이 부지를 흔쾌히 내놓았는지 또는 마지못해 내놓았는지 그것은 알 수 없지만 국가관이 투철했던 성품으로 미루어 보건대 징발 당한 땅에 미련을 두진 않았으리라 본다. 배드민턴장으로 인한 남부경찰서 출두 사건은 거기 주둔했던 군부대를 떠올리게 하고 국가를 위한 일에 백산 우리 땅이 쓰인 지난날을 떠올리게 한다.

# 세 명의
# 김종수

나는 수영을 사랑한다. 수영의 역사를 사랑하고 수영의 문화를 사랑하며 수영의 자연을 사랑한다. 이러한 사랑을 애향심이라고 한다. 나의 애향심은 여러 요인에서 비롯하는 거지만 수영 역사의 물줄기가 굽이치는 곳곳에서 동명이인을 접한 것도 한 요인으로 작용한다.

수영 역사의 물줄기에서 접한 김종수는 두 분이다. 나까지 포함하면 세 명의 김종수가 시대를 달리하며 수영에 살았거나 살고 있다. 시간은 다르나 공간은 같은 세 명의 김종수! 나는 이것이 우연이라고는 생각하지 않는다. 나도 모르는 필연이 내재했다고 믿으며 그런 필연이 나의 애향심을 자극해 오늘 여기까지 왔다고 생각한다.

내가 접한 첫 번째 김종수(金從守)는 430년 전 인물이다. 임진왜란이 일어나자 죽기를 맹세하고 왜적에 맞섰던 수영 25의용 가운데 한 분이다. 수영사적공원 의용단 비석을 보다가 그분의 함자를 발견하는 순간 마음이 약간은 일렁였지만 그

수영 의용단의 김종수 비석. 430년 전 임진왜란이 일어나자 죽기를 맹세하고 왜적에 맞섰던 수영 25의용 가운데 한 분이다.

러려니 하고 넘어갔다. 한자도 다른 데다 우연 이상은 아니라고 여겼다.

두 번째 김종수(金鍾秀)는 내 마음에 빗장 같은 걸 찔러 넣었다. 한자까지 같았다. 그는 100년 전 인물이었다. 25의용단 제사가 일제강점기 무산될 위기에 처하자 제사를 도맡아 지낸 수영기로회의 창립유공자이자 총무가 김종수였다. 이 이름 석 자를 접하는 순간 25의용 김종수가 오버랩 되면서 생각이 복잡해졌다.

25의용 김종수와 수영기로회 김종수. 두 분 다 애향심이 지극했던 분이다. 애국심이기도 했다. 스스로 내세우는 게 좀 민망스럽지만 나 역시 애향심이나 애국심만큼은 남 못지않다고 자부한다. 내가 살아온 이력이 그걸 증명한다. 약력에 살아온 이력을 밝혔기에 여기선 생략한다.

두 분의 동명이인을 접하기 전에는 나는 내가 내 힘으로 여기까지 왔다고 치부했다. 물론 선친의 영향은 컸다. 수영에서 몇 대째 토박이였던 선친은 애향심이나 애국심에선 결코 뒤지지 않았다. 어릴 때부터 아버지의 그런 부분을 보며 자랐으므로 내 기질이 형성되는 데 큰 영향을 끼쳤으리라 생각한다.

그런데 두 분의 동명이인을 접하곤 내 생각에 변화가 왔다. 처음에 한 분을 접했을 때만 해도 그러려니 넘어갔지만 두 번째 분을 접했을 때는 그냥 넘어갈 수 없었다. 필히 곡절이 있지 싶었다. 시간이 지날수록, 내가 수영의 역사와 문화에 다가갈수록 생각의 변화는 굳어졌다.

전적으로 내 상상에 기반을 둔 것이지만 마을 대소사에 마음을 내밀며 미력이나마 보태려고 했던 건 순전히 나의 의지만은 아니었다. 그 두 분이 떠밀어서 마음을 내밀었고 그 두 분이 입김을 불어 넣어서 미력이나마 보탰다. 나는 의식하지 못했지만 그 두 분의 기운이 내게 스며들어 애향심이 생겨났고 애국심이 생겨났다.

나와 한자가 같은 두 번째 김종수는 설명이 좀 필요하다. 잘 모르는 분인 까닭이다. 25의용 김종수는 수영에서 많이 알려졌지만 수영기로회 김종수는 일반에 알려진 바가 별로 없다. 수영기로회의 자료가 워낙에 적은 것에도 기인한다.

앞서 언급했듯 수영기로회는 일제의 방해로 25의용단 제사가 무산 위기에 처하자 제사를 도맡아 지냈던 지역원로 친목단체다. 25의용 본손(本孫)과 수영의 유지가 주축을 이뤄 1916년 창립했다. 동래기영회, 해운대기로회와 함께 당대 부산을 대표하는 기로회였다.

25의용단 제사는 조선시대 때만 해도 국가 행사였다. 임금을 대신해 경상좌수영 최고 벼슬인 좌수사가 제주(祭主)를 맡았다. 이후 군제개혁으로 좌수영이 파영되면서 이 지역 면장이 제사를 주재했고 일본의 눈치를 보던 면장이 고사하자 수영기로회가 맡게 되었다.

수영기로회 창립회원은 모두 서른네 분. 그중 한 분인 김봉희는 내 조부다. 창립하면서 창립 유공자 네 분을 선정했는데 다음과 같다. 김봉갑, 이순우, 김한수, 박진화. 김한수의 다른 이름이 김종수였다.

기로회 총무에 착임(着任)한 김종수는 열과 성을 다했다. 1936년 수영기로회 작성 문건인 <매답실기(買畓實記)>에 기로회 재정확보에 기여한 김종수의 선행이 상세하게 나온다. 매답(買畓)은 논을 샀다는 뜻. 기로회 소유 노전(蘆田, 갈대밭)이 면(面)의 잡종지에 편입되어 있었는데 면이 이 땅 모두를 공매할 때 기로회에서 매득했고 매득 대금 534원을 김종수 총무가 자기 돈으로 대체하는 등 재정확보에 크게 기여했다는 내용이 이 문건에 나온다.

수영기로회 김종수 총무가 활동하던 시기는 지금부터 100년 전. 100년을 사이에 두고 한자 이름도 같은 두 김종수가 한 사람은 거기 있고 한 사람은 여기 있다. 100년 전의 김종수와 지금의 김종수 사이에 끈끈히 이어지는 유대와 연대의 강(江). 그런 두 사람을 그보다 훨씬 앞선 25의용의 김종수가 바라보며 빙긋이 웃는다. 세 명의 김종수가 바라보았을 수영강 강물은 그때나 지금이나 변함없이 반짝인다.

# 수영 사람
# 앉으면
# 잔디도
# 나지 않아

'수영 사람이 앉은 자리엔 잔디도 나지 않는다.'

선친이 생전에 자주 들려주셨던 말이다. 수영 사람의 기질을 단 한 줄로 함축한 말이다. 수영 사람은 좀 독한 면이 있다. 그래서 제삼자가 볼 때는 독선적이고 배타적으로 보일 수도 있다.

그러나 그건 수영을 모르는 사람이 보는 시각이다. 수영을 잘 아는 토박이 어른들은 이 말을 들으면 다들 고개를 끄덕이며 "그럼, 그럼" 맞장구를 친다. 선친 역시 이 말씀을 부정적으로 한 게 아니라 자랑삼아 했다.

타고난 환경이 성품이나 성격을 좌우한다는 말이 있다. 교육도시에서 나고 자라면 교육자의 성품을 닮고 군사도시에서 자라면 군인의 성품을 닮는다. 맹자 어머니가 어린 맹자의 장래를 위해 세 번이나 이사한 것도 환경론과 상통한다.

앉은 자리엔 잔디도 나지 않는 수영 사람의 기질은 수영의 역사에서 비롯한다. 수영은 군인도시였다. 조선의 수군, 그러니까 해군이 주둔하며 부산 바다를 수호하던 국경도시였다. 군인정신이 투철했고 그러한 정신이 지역의 정서로 스며들고 지역민의 기질로 자리 잡았다.

조선시대 수군은 현대의 해군과는 성격이 달랐다. 그때는 수군이 어민이었고 어민이 수군이었다. 어민이 돌아가면서 수군이 되기도 하고 평상시에는 어민이었다가 유사시 수군으로 전환했다. 그러므로 수영 사람 누구나가 군인이었고 수영 사람 누구나가 군인정신이 몸에 배었다.

그것을 단적으로 보여주는 게 수영 25의용이었다. 임진왜란 7년 동안 수영의 음지에서 레지스탕스 활동을 벌이며 왜에 항거한 스물다섯 분을 수영 25의용이라고 한다. 대부분 민간인 신분이었지만 이들은 죽기를 맹세하고 항전했다. 수영에선 누구나 군인이었고 누구나 군인정신에 투철했기에 25의용이 나올 수 있었다고 생각한다.

수영 사람의 투철한 군인정신은 일제강점기에도 빛났다. 수영의 어른들은 기로회를 조직해 일제가 엄금하던 25의용 제사를 이어 갔고 송씨 할머니는 여인의 신분으로 서슬 퍼런 일본 군인에 대들었다. 몇 년 전 다른 장소로 이전하기 전의 수영사적공원 수영고당이 그 증명이다.

그뿐이 아니다. 수영 사람이 얼마나 분기탱천했는지 일제강점기 내내 일본인은 수영에 얼씬도 못했다. 관공서에서 녹을 먹던 일본인조차 수영에서 근무하기를 꺼렸을 정도였다. 이발소를 경영하던 일본인이 수영에선 유일했다고 한다.

수영 사람은 그랬다. 부당한 압력과 비상식적인 전횡에는 똘똘 뭉쳐서 물리쳤다. 아닌 것은 무조건 아니었다. 평소에는 자기보다 약한 자에겐 허리를 더 굽히던 수더분한 수영 사람이었지만 부당과 비상식에는 자기보다 몇 배나 강해도 허리를 꼿꼿하게 세웠다. 목에 칼을 들이대도 아닌 것은 아니라고 항변했다. 엄하고 독한 수영 사람이었다.

'수영 사람이 앉은 자리엔 잔디도 나지 않는다'는 말은 수영 사람의 두 가지 기질을 함축적으로 보여준다. 하나는 똘똘 뭉치는 단결력이고 다른 하나는 배타성이다. 단결력과 달리 배타성은 얼핏 부정적으로 들리지만 수영에선 이 둘이 긍정적으로 상호작용하며 지역의 발전을 이끈다.

단결력은 단합으로 이어졌다. 수영야류와 좌수영어방놀이, 수영농청놀이 같은 공동의 놀이가 수영에서 활성화된 게 다 수영 사람 단합의 덕이었다. 근대까지 이어지던 두레나 계, 그리고 수영기로회처럼 마을 대소사에 내 일처럼 나서던 지역의 정서가 그 근원은 다 단합이었고 수영에 면면히 전해지던 단결력이었다.

배타성은 자칫 텃세로 이어질 우려가 크지만 수영에선 긍정적인 기질로 승화했다. 그러니까 임진왜란 7년이나 왜군에 저항했고 일제강점기 내내 일본인이 발을 들이지 못했다. 앉은 자리엔 풀도 나지 않는 수영 사람을 일본인은 피해 다녔다. 수영 사람을 피해 다녔던 일본인은 수영 사람이 비협조적이고 배타적이라고 호도했지만 실상은 그게 아니었다. 수영 사람은 단지 지켜야 할 것을 지켰을 뿐이고 아닌 것은 아니라고 했을 뿐이다.

수영 사람은 선이 굵다. 군인 기질이 몸에 배어서다. 그래서 자잘한 것엔 연연하지 않는다. 그래서 대부분 성정이 시원시원하다. 속이 넓어서 엔간한 허물은 덮어 주고 눈감아 준다. 그러나 한 번 아니다 싶으면 누가 뭐래도 아니다. 아니다 싶을 때는 갯바위도 날려버리는 매미 태풍이 수영이고 수영 사람이다.

국가중요무형문화재 제62호 좌수영어방놀이. 좌수영 그러니까 지금 수영의 사람은 임진왜란 7년 내내 왜군에게 저항했고 일제강점기 내내 일본인에게 눈을 부라렸다. 앉은 자리에 풀도 나지 않을 만큼 수영 사람은 독한 면이 있지만 이러한 성정은 지켜야 할 것은 지키고 아닌 것은 아니라고 하는 군사도시, 충절도시 수영의 환경에서 비롯했다. ⓒ수영고적민속예술보존협회

©박영표

김종수 金鍾秀

1949년 부산에서 태어나 경남중·고와 경희대 상학과를 나왔다. 조
선시대 수군부대가 주둔했던 수영의 토박이로서 향토사 연구에 매
진한다. 2021년 펴낸 〈정방록을 찾다〉를 통해 그동안 '기록은 있으
나 실체는 없다'고 알려졌던 〈정방록〉의 실체를 널리 알렸다. 〈정방
록〉은 수영 25의용에 대한 보훈의 기록으로 오늘날 부산시에 해당
하는 동래부에서 1608년 발급한 고문서다.

저자는 군사도시 수영의 토박이로서 민주평화통일자문회의 부산
수영구협의회장, 한국자유총연맹 수영구지부장 등 호국 관련 단체
의 대표를 두루 맡았다. 아울러 수영 문화에 대한 자부심으로 〈민락
100년〉〈물길 따라 흐르는 수영의 역사〉〈도시어부의 삶과 일상〉
등의 향토사 발간에 참여했다. 현재 사단법인 호국문화진흥위원회
이사와 수영고성연구회 공동대표, 동흥산업 대표를 맡고 있다.

dhi2911@naver.com